教科書には載っていない

太平洋戦争の大誤解

武田知弘

彩図社

はじめに

太平洋戦争……。

日本の歴史の中で、もっとも重い出来事だといえるだろう。

戦後教育の中では、こういうふうに教えられてきた人がほとんどではないだろうか。

「軍部が暴走して勝手に戦争を始めてしまった」

「国民はそれに巻き込まれて大変な思いをした」

「軍国主義だった日本が、自由主義の英米に無謀な戦いを挑み敗れた」

しかし、これらの見方には大きな誤解がある。

戦前の日本では、むしろ国民は軍部の後押しをするような面が多分にあったし、また日本は必ずしも軍国主義一辺倒ではなく、当時の世界的に見れば、かなり自由な国だったのである。

英米にしろ、「世界の自由を守るため」に戦ったわけでは決してなく、自国の立場や利益を守るために戦ったのである。

これらの誤解には、仕方のない面もある。

戦後、日本が復興していく過程では、「そう思っていないとやっていけない」という事情もあった。国民が戦争の責任を背負うには、あまりにも重すぎるので、とにかく軍部に責任を押し付けた。つまり、前に進むために、事実から目をそむけていたということである。

しかし、戦後75年となり、我々はもう事実と向き合う時期に来ているのではないか。

戦争は、どちらが正義でどちらが悪、というような単純なものではない。日本にも正義があり、アメリカ、イギリス、中国にもそれぞれの正義があった。各国間でそれを調整できなかったために、戦争が勃発したのだ。

また太平洋戦争というと、日本対米英中という対立構図だけで見られがちだが、当時の国際情勢の中では、ソ連という存在が大きな影響力を持っていた。太平洋戦争を語るうえでは、ソ連の動きは欠かせないのである。が、戦後教育の中では、太平洋戦争の中でソ連の動きはほとんど触れられてこなかった。

戦争というのは、大きな災禍をもたらし、人類にとってはもっとも避けるべき事象であることは間違いない。そのためには、「誰が正しくて、誰が悪かった」ということではなく、「何が原因で、そうなったのか?」ということを正確に知る必要があるはずだ。

まずは、カキ殻のようにびっしりとこびりついた歴史の誤解を解いていこうではないか、本書はそういう目的を持っている。

教科書には載っていない

太平洋戦争の大誤解

目次

第一章　日米対立の原点は満州だった⁉

第二章　太平洋戦争開戦にまつわる謎

第三章 太平洋戦争は経済戦争だった

第四章 日米対立の裏にあるソ連の影

第五章 太平洋戦争にまつわる大誤解

第六章 誰が太平洋戦争を望んだのか？

第一章

日米対立の原点は満州だった!?

1

【満州事変の30年前からあった争いの火種】
日米は日露戦争直後から対立していた

●実はアメリカも満州を狙っていた

日本とアメリカがなぜ対立し、戦争にまでなったのか？

歴史の教科書では、おおむね次のような解釈になっている。

「昭和6（1931）年に端を発した満州事変による日本の中国進出によってアメリカとの関係が悪化。日本軍が南進したことに対し、アメリカが経済制裁を加えたため、太平洋戦争が勃発した」

しかし、日本とアメリカの対立は満州事変に始まったわけではない。そのずっと前、日露戦争の時点から実は両国の対立は始まっていたのである。

日露戦争では、アメリカは日本とロシアの間に立ち、講和を取り持ってくれた。そのため、当時、日本とアメリカは友好的な関係にあったように見られがちである。

だが、実際は日露戦争が日本の勝利に傾きつつあった頃から、日本とアメリカの関係は急速に悪化していた。

というのも、アメリカは中国大陸、とりわけ満州地域に対して、並々ならぬ野心をもっていたからである。

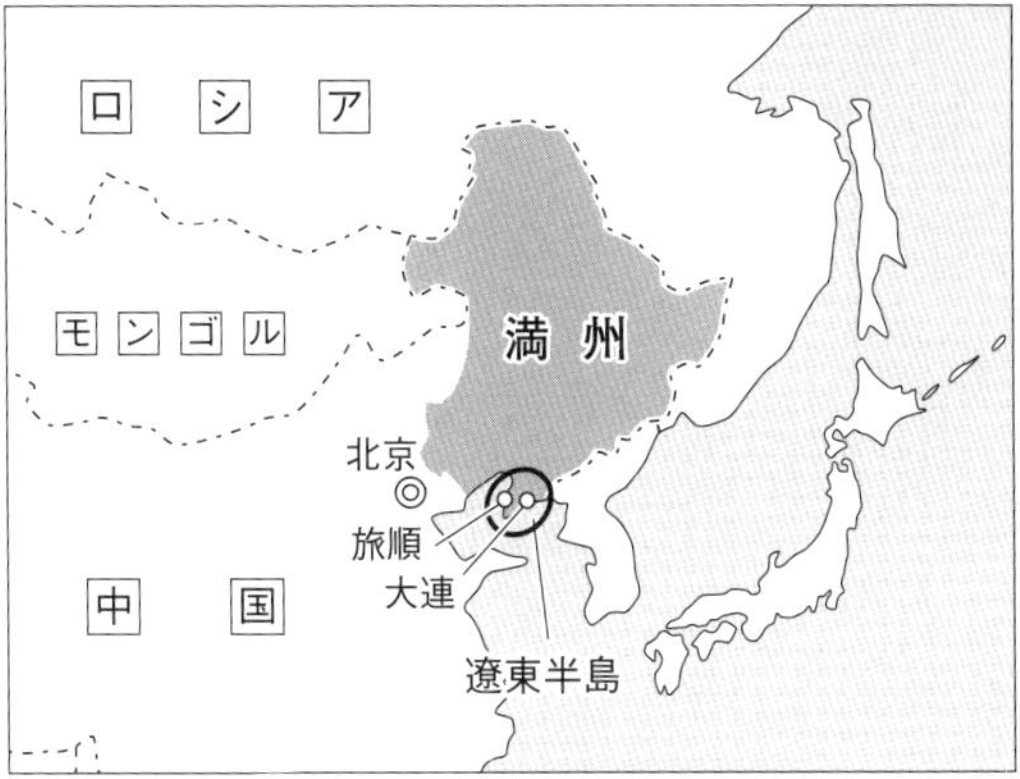

満州の位置。中国、ロシア、朝鮮半島の間に位置している。

19世紀後半の満州は、世界地図の中で欧米列強に植民地化されていない数少ない地域だった。アフリカ、アメリカ、アジアと、侵略を続けてきた欧米諸国にとって、中国は最後に残った獲物であり、満州はその最果ての地である。

あまりに遠すぎるので、まだそこまではどこの国も手をつけていなかったのだ。すでに中国に進出していたイギリスやフランスも、満州への進出はまだ行っていなかった。

しかし、満州の広大な大地は、欧米列強にとって魅力のあるものだった。

そのため、列強たちはこの地を巡って牽制し合うようになっていく。

そんな中、19世紀末になり、ついにロシアが満州に侵攻を始める。

満州と陸続きであるロシアは、他の列強よりも有利な立場にあった。また極寒の国ロシアから見れば満州は温暖な気候である。満州に進出できれば、太平洋へ出ることができる。満州はロシアにとって魅力あふれた地域だった。

日清戦争で日本に清が敗れるのを見ると、ロシアは満州に対して露骨な侵攻を始める。日本が清から租借されたはずの遼東半島を強引に横取りすると、満州全土に租借権や鉄道の敷設権などの権益を持つようになった。そして、ロシアが満州を南下し、朝鮮半島にまで進んだところで日本と衝突し、日露戦争が起こったのである。

しかし、ロシアはそこで敗北し、満州地域における影響力を失った。満州は再び権力の空白地帯になった。欧米列強は改めて、満州への野心を抱くようになる。

それがもっとも強かったのが、アメリカである。

植民地獲得競争に出遅れていたアメリカは、他の列強に比べると、保持している植民地が少なかった。世界一の工業国となっていたアメリカは、その工業製品を引き受けるマーケットを求めており、満州の穀物や鉱物資源にも目をつけていた。

そもそも、アメリカが日露戦争の講和の労を執ったのは、ロシアが握っていた満州地域の市場を開放するためでもあった。

●南満州鉄道の並行線を建設しようとしていたアメリカ

「日露戦争の講和をすることで、満州の利権を手に入れる」

そんなアメリカのもくろみは、もろくも崩れ去ることになる。

日露戦争で勝利した日本は、当然のように南満州にあったロシアの権益を引き継ぎ、アメリカに譲ろうとしなかった。南満州鉄道は当初、アメリカ人実業家のエドワード・ヘンリー・ハリマンと日本で共同経営することになっていたが、後に当時の外相・小村寿太郎の反対に遭い、白紙に戻された。アメリカとしては、当然、そうした状況はおもしろいはずがない。

それどころか、日本が南満州を掌握したことで、アメリカにも実害が出るようになった。

日本は南満州の市場で大きな影響力を持つようになり、アメリカ製品の売れ行きが鈍るようになったのだ。

ポーツマス条約でロシアから譲り受けた南満州鉄道。その後、満州事変などを経て満州全土に線路を延ばしていくことになる。

たとえばアメリカの綿製品は当時、すでに満州に進出していたが、日露戦争以降は日本製品に駆逐されてしまった。アメリカは満州の市場が閉鎖されているとして抗議したが、その訴えが聞き入れられることはなかった。

アメリカは、どうにかして日本の利権を横取りしようと画策した。

まずアメリカは清国に働きかけ、日本が獲得していた南満州鉄道（ハルビン〜旅順）に並行に走る鉄道を建設しようとした。しかし、この鉄道は日本の抗議に遭い、建設することができなかった。

すると、アメリカは次に明治43（1910）年に「四国借款団《しこくしゃっかんだん》」というものを作った。「四国借款団」というのは満州地域の鉄道をすべて国有化し、中国に借款をする場合は、アメリカ、イギリス、フランス、ドイツが一体となって行うというものである。

当時の欧米列強の植民地政策は、多額の借款（融資）を行って経済面での支配を強め、その対価として様々な権益を獲得していくというのが常套手段だった。どこかの国が抜け駆けしないよう、中国への借款は４ヶ国が一体となって行おうとしたのである。

この「四国借款団」には、当初、日本も加わるように要請されていた。

しかし、「四国借款団」に加われば、南満州鉄道の権益を手放すことになる。日本は要請を断り、アメリカの動きを警戒してロシアとの関係を深めるようになった。

同年、日本とロシアは第二次日露協商を締結し、満州におけるお互いの権益を確認し合い、協力関係を築いた。ロシアも満州北部に権益を持っていたので、日本とロシアが協力して、アメリカの圧力を防ごうということである。

1928年頃の上海租界の海岸通り。租界とは、外国人居留地のこと。列強は競って中国に進出しており、上海には近代的な租界が作られた。

これらのアメリカの企ては、明治45（1912）年に辛亥《しんがい》革命で清国政府が倒れたことで、一頓挫した。「四国借款団」もうやむやになってしまった。

●日露戦争直後から日米は仮想敵国になった

満州を巡り、アメリカとの関係が冷え込むようになると、日本はアメリカを敵国として意識するようになった。

日露戦争終結から2年後の明治40（1907）年、日本は日露戦争後の「帝国国防方針」を制定する。そこでは明らかにアメリカが仮想敵国として念頭に置かれており、日米決戦に備え、海軍はアメリカの艦船保有の7割を維持することが目標

世界20都市を周った「グレート・ホワイト・フリート」。戦艦が白く塗装されていたため、「ホワイト」の呼び名がついた。

とされた。

これに対して、アメリカも「オレンジ計画」と称された対日軍備計画を練り始める。

当時のアメリカは、戦艦25隻を建造するなど、すでにイギリスに次ぐ世界第2位の海軍大国になっていた。しかし、明治40年以降も、きたるべき日本との戦いに備え、毎年、ほぼ戦艦2隻相当の建造を続けた。

この時期、アメリカは日本に圧力をかけるために、あるパフォーマンスも行っている。明治40年末から明治42年にかけて行った、戦艦16隻による世界一周航行「グレート・ホワイト・フリート」である。

これは、アメリカの海軍力を世界に誇示するデモンストレーションであり、特に日露戦争に勝利した日本に対する牽制の意味が強かったとされている。

グレート・ホワイト・フリートは戦艦16隻による大編隊で、世界20都市を周り、その途中で日本の横浜港に立ち寄った。日露戦争当時の日本の連合艦隊が保有する戦艦は6隻だったので、その約3倍の戦艦で乗り込んできたことになる。

またアメリカは、日本に対抗するために中国への接近も試みていた。当時の中国（清）の首相格だった袁世凱《えんせいがい》に、米中同盟を働きかけ、中国の艦隊建設の支援も行おうとしていた。

しかし、清の崩壊によってこの計画は流れた。

このように、東アジア、太平洋の情勢は、日露戦争直後から一挙に「日米対立」に傾いていたのである。この流れを食い止めるのは、よほどの知恵と政治力が必要だったのだが、残念ながらそれは日米双方にもなかったのである。

2

【中華民国を保護したのは正義のためではなかった】

アメリカは中国を山分けしようと提案した

●中国に急接近するアメリカ

1912年、辛亥革命によって、およそ300年にわたって中国とモンゴルを支配した清朝が倒され、革命を主導した孫文らは南京で中華民国の樹立を宣言した。

だが、中華民国内部では依然として有力者が権力争いを繰り広げており、国家は非常に不安定な状況になった。そんな中、アメリカは一部の有力者に接近し、中華民国政府との間に強力なパイプを作り上げる。そして、保護者として中華民国をバックアップしていった。

それが如実に表れていたのが、第一次大戦での中華民国の対独宣戦布告である。

アメリカの働きかけを受けた中国は、大戦末期にドイツに対して宣戦布告を行った。その結果、中国はほとんど戦闘らしい戦闘をしなかったにも関わらず、第一次大戦の戦勝国として扱われることになった。

日本は第一次大戦で、ドイツが権益を有していた中国の山東省に兵を進め、これを制圧した。日本としては、その権益をもちろん引き継ぐつもりでいた。

パリ講和会議に不満を持ち、抗日運動を行う北京の学生（「五四運動」）。国内の強い反発もあり、中国はヴェルサイユ条約に調印しなかった。

しかし、戦後になり、中華民国はその権益を返すように日本に迫る。

「中国も戦勝国なので、ドイツが山東省に持っていた権益は、中国に返還されるべきだ」

と、主張したのである。

戦勝国といっても中国は山東省で戦ったわけではない。山東省のドイツ軍を平定したのは、日本軍とイギリス軍であり、パリ講和会議でも権益を引き継ぐことは認められていた。にも関わらず、中国が強硬に返還を主張したのは、アメリカの後ろ盾があったからである。

結局、山東省の青島《チンタオ》・膠州湾《こうしゅうわん》の租借地は中国に返還されることになった。

米比戦争（1899～1902）で降伏するフィリピン軍兵士。アメリカ軍はこの戦争で兵士だけでなく、多数の民間人も殺害したとされる。

弱い立場の側に立って、その権利を守ろうとする。アメリカのこの行動は一見、紳士的で正義感に溢れたものに見える。

しかし、当時のアメリカは、日本をとやかく言えるような立場になかった。

同時期、アメリカはフィリピン南部のイスラム勢力圏を平定、フィリピン全土を植民地化している。もともとフィリピンはスペインの植民地であったが、1898年の米西戦争でアメリカ軍に協力したため、戦争終結後に独立できるはずだった。しかし、アメリカはその約束を反故にして、フィリピンを植民地に組み入れる。それに怒った独立派が武装蜂起すると、アメリカ軍はそれを徹底的に虐殺した。この戦争でのフィリピン側の死者は20万人とも150万人ともいわれる。

また、国際連盟が発足する時、日本が連盟規約に「人種差別撤廃」を盛り込むように求めたが、アメリカはそれに反対。結局、規約は盛り込まれることがなかった。

それらを見れば、アメリカが決して紳士的でも正義の国でもないことがわかる。中国の後ろ盾になったのも、日本を牽制するためのもので、要するに利権争いに過ぎなかったのである。

●「中国を公平に分配しよう」という提案

その証拠に、アメリカは中国の権益を欧米各国で公平に分配しようと働きかけていた。

そしてアメリカが中心になって、「新四国借款団」というものが作られた。

これは、「旧四国借款団」と同様に、中国に鉄道建設などで借款を行う場合は、一国だけが抜け駆けせずに、欧米各国が共同して行おうという取り決めである。

日本はアメリカの圧力に耐え切れず、この「新四国借款団」に、大正9（1920）年から加入している。ただし日本がすでに権益を持っていた南満州などは、対象から外すことは認めさせていた。

大正11（1922）年には、主にアメリカの呼びかけにより九カ国条約が締結された。

これは中国の主権を尊重し、中国市場の門戸開放、中国市場での各国の機会均等、つまりは中国市場を山分けしようというものである。

九カ国条約を取り決めた大正 11 年のワシントン会議。日本の山東省返還、四カ国条約、ワシントン海軍軍縮条約を結ぶなど重要な会議だった。

この九カ国条約では、次の4つの原則が定められた。

一、中国の主権、独立を尊重すること

二、中国が自ら政府を確立することに対して邪魔をしないこと

三、中国における各国の商工業活動は、機会均等を保つこと

四、中国の情勢を利用して特別な権益を求めようとしないこと

この条約は、ワシントン会議に出席した9ヶ国、アメリカ・イギリス・オランダ・イタリア・フランス・ベルギー・ポルトガル・日本・中華民国の間で締結された。

この4つの原則だけを見ると、いかにも中国の主権を尊重しているように見える。

だが、この九カ国条約には解釈の仕方によって抜け穴がたくさんあった。

たとえば「中国が自ら政府を確立することに対して邪魔をしないこと」という原則だが、これを守っている国は、どこにもなかったのである。

当時の中国には、まだ真に安定した政府はなかった。そのため、日英米の各国は思い思いに中国の有力勢力を支援していた。蒋介石が実権を握ることができたのは、英米などの支援があったからである。

九カ国条約の「中国の主権を認めよう」というのはあくまで建前で、実際は各国、とりわけアメリカが都合よく解釈できるものだったのである。

3

【中国国民を敵に回した日本の失策】

「対華21カ条の要求」の本当の狙いとは？

●アジアを失望させた「対華21カ条」

20世紀初頭、世界の列強はアジアの巨大市場・中国の利権獲得を狙い、激しい争いを繰り広げていた。ここまでアメリカの中国大陸に対する野心があったことを述べてきたが、もちろん、日本も虎視眈々と中国の利権を狙っていた。

だが、そんな日本に対する中国民衆の感情は、決して悪いものではなかった。日本はアジアでいち早く近代化に成功した国であり、日露戦争で列強の一画を占めるロシアを打ち破っていた。そんな日本の存在は、欧米列強の植民地支配に苦しむ世界の人々にとって、希望の星だった。中国でもそうした日本に学ぼうとする意識があったのだ。

しかし、そんな日本への感情を一気に悪化させる出来事が起こる。

それが日本が中国に出した「対華21カ条の要求」である。

歴史の教科書などを見ると「対華21カ条」は、次のように説明されていることが多い。

「中国進出を目論む日本が、軍事力を背景に押しつけた要求。このことに中国の民衆は激怒し、激しい抗日運動が巻き起こることになった」

この説明の通り、日中関係は悪化の一途をたどったが、日本がこの要求を出した経緯やその後の展開を見てみると、必ずしも日本に一方的な非があったと言い切れない点もある。

はたして、日本はなぜ対華21カ条の要求を出したのか。

また、その内容はどのようなものだったのか。

詳しく見てみよう。

●「対華21カ条の要求」が出された経緯

日本が中華民国政府に21カ条の要求を出したのは、大正4（1915）年1月。まだ、ヨーロッパでは激しい戦闘が行われている、第一次大戦のさなかのことだった。

日本は日英同盟を理由に第一次大戦に参戦し、中国に軍を派遣。ほどなくしてドイツの膠州湾租借地を占領すると、ドイツが敷設した膠済《こうさい》鉄道沿線に軍を進駐させた。

中国政府は山東省で戦闘を行うにあたり、交戦区域を指定し、それ以外に戦火を拡大しないように要請していた。日本軍が駐留する膠済鉄道沿線はその指定地域外にあったため、中国政府はドイツが租借していた地域の返還と、指定区域外からの兵の即時撤収を求めて

第一次世界大戦で日本・イギリスの連合軍とドイツ軍が戦った「青島の戦い」。戦いは１週間で日本側の勝利に終わった。

きた。

しかし、そうかといってこの段階で租借地を返すわけにはいかなかった。占領しているとはいえ、山東省租借地の権利はドイツがまだ持っている。休戦や講和をしない段階で勝手に返せば後々問題になる可能性があった。

そこで日本の大隈《おおくま》重信内閣は、中華民国の代表である袁世凱との直接交渉に乗り出す。

その中で出したのが、山東省からの日本軍撤収を一時棚上げするとともに、日本の権益を認めさせようという「対華21カ条の要求」だったのである。

●「対華21カ条の要求」の内容とは？

大正４（１９１５）年１月、大隈重信内閣は中華民国の袁世凱大統領に５号21条からなる要求を行った。その内容は次の通りである。

・第一号　山東省のドイツ権益の継承に関する要求（4カ条）
・第二号　旅順・大連の租借期間の延長、南満州鉄道・安奉鉄道の期限延長、南満州・東部内蒙古における日本人の居住・営業などの自由に関する要求（7カ条）。
・第三号　漢冶萍公司《かんやひょうこんす》の合弁化の要求（2カ条）
・第四号　中国の領土保全について（1カ条）
・第五号　中国全般に関する希望条項（7カ条）

現在ではこれらを合わせて「21カ条の要求」と呼ばれることが多いが、実際は〝14の要求〟（「第一号」から「第四号」）と〝7の希望条項〟（「第五号」）で構成されていた。日本の一番の狙いは「第二号」、すなわち「南満州および東部内モンゴルの権益の安定化」だった。

日露戦争後に締結されたポーツマス条約で、日本はロシアから遼東半島南部（大連・旅順）の租借権と南満州鉄道の使用権を引き継ぐことになった。

しかし、日本の立場は非常に不安定だった。

大連・旅順の租借権と南満州鉄道・安奉鉄道の使用権は、ロシアの租借権の残存期間

袁世凱との直接交渉に乗り出した大隈重信内閣総理大臣（左）と、交渉を担当した加藤高明外務大臣（右）

を引き継いでいたため、残り数年で期間が満了することになっていた。また、大連や旅順、南満州鉄道などに隣接する地域に関する取り決めもされていなかった。

日本は「第二号」で、租借権と使用権をそれぞれ99年延長するように求めた。また、南満州と隣接する東部内モンゴルでの日本人の居住権、商用のための不動産取得権などを要求した。不安定な南満州の権益を固めようとしたのである。

イギリスを始め、中国に権益を持つ列強は、「第一号」を含め、日本のこれらの要求を当然と考えて、とくに問題視しなかった。実際、アメリカは要求が出されたことを知って、日本に圧力をかけるために英仏露イギリスやフランス、ロシアに声をかけていたが、いずれの国にも断られている。英仏露は要求と同様の、あるいはそれ以上のものを中国に認めさせていたからだろう。

しかし、袁世凱が秘密条項「第五号」の存在をリークしたことで風向きが変わる。

日本は「第五号」で「政治顧問、経済顧問、軍事顧問として日本人を雇用すること」「中国警察の共同運営」「一定数以上の兵器の買い取り」「新たな鉄道敷設権」「福建省の開発で外国資本を必要とする時は日本に相談すること」などを求めていた。

これらは要求ではなく、あくまで希望条項という位置づけだったが、袁世凱はこれに強く反発。アメリカやドイツが協力し、新聞などに「21カ条の要求」の内容を誇張した記事を掲載するなどしたため、中国国内では激しい排日運動が巻き起こることになった。

この「第五号」は、他の列強の権益を脅かすような内容だったため、同盟国のイギリスも気分を害すことになった。結局、日本は最終的に希望条項をすべて取り下げている。

●守られなかった約束

中国国内で反発された21カ条の要求だったが、ある意味、これは当時の中国が抱えている問題を的確にとらえて、その改善策を提示しているものでもあった。

当時の中国は、近代化のためにやみくもに外国から資本を導入しており、様々な権益を奪われ、にっちもさっちもいかない状況に陥っていた。21カ条の要求には、それらを食い止めるために支援してやろう、という意図もあったようである。

だが、この要求はあまりに傲岸だった。日本側に善意があったとしても、中国を対等な

対華21カ条を受けた中華民国代表の袁世凱（左）。対応について助言を与えたという北京政府最高顧問のアメリカ公使ポール・ラインシュ（右）。

国家として扱っていないのは明白である。しかも、ただ改善策を示すだけでなく、巨大な権益を要求しているのだ。

中国としては、近代化の手本にしようとしていた日本から、このような仕打ちを受けたためにショックが大きかった。中国から見れば、「第一次大戦でやっとヨーロッパの侵攻が弱まったと思えば、今度は日本か」という状態だったのだ。

これを機に、日本への羨望は憎悪に変わった。

この要求を受け入れた日（5月9日）は、今でも中国の〝国恥記念日〟になっている。21カ条の要求が出されたとき、日本で学んでいた中国の留学生も一斉に帰国する事態となった。

4

【爆殺事件の影にあった南満州鉄道並行線問題】

「満州事変」最大の原因は鉄道利権だった

●なぜ満州事変は起きたのか？

日米の中国における対立が深まる中、昭和6（1931）年に満州事変が起きる。この満州事変をきっかけに日本は満州全土に兵を進め、満州国を建国した。

満州国建国というと、その背景が今一つわからないという方が多いのではないだろうか？

小中学校の歴史の教科書に載っている満州国建国の経緯は、次のようなものである。

「関東軍は南満州鉄道の線路を爆破し、それを中国のせいにして戦闘に持ち込み、満州を占領。満州国を建国してしまった」

しかし、この説明では不明な点が多々浮かぶはずである。

関東軍はなぜ戦争をしたがったのか？

また、満州国というのは「理想主義的な国家建設」として語られたり、その反対に「日

満州事変のきっかけとなった「柳条湖事件」の現場。当初、線路の爆破は中華民国による犯行とされたが、後に関東軍自ら爆破していたことが判明した。

本の侵略主義がもっとも表れたもの」という見方をされたりもする。いずれにしても、政治イデオロギー的なとらえ方をされることが多い。

しかし、本当にイデオロギー的な理由だけで、このような事態が引き起こされるだろうか？

共産主義イデオロギーによって成されたとされる「ロシア革命」にしても、その背景にはロシア国民の貧困があった。歴史はイデオロギーだけで動くことはほとんどない。何か経済的な背景があるはずである。

満州国の建国にも、もちろん経済的背景があったのである。

しかも、それは非常に現実的かつ具体的なものであった。ありていに言えば、満州国の建国は〝南満州鉄道の利権争い〟が発端になっているのである。

●南満州鉄道を回収せよ

前述したように、日露戦争の勝利により、日本は南満州鉄道の権益を獲得した。だが、当然、中国側としてはそれが面白くない。

自国の鉄道の運営権を他国が持っているのである。相手がロシアであれ、日本であれ、それは同じことだった。しかも鉄道に付随した施設は日本の所有物になっている。南満州の鉄道は、中国の物流の基幹だった。つまり中国は自国の大動脈を他国に握られているのと同じ状態だった。今の日本で例えるなら、東海道新幹線を外国に握られているようなものである。

中国では1912年に清朝が倒れ、孫文を指導者とする中華民国が建国された。この中華民国は、諸外国が中国に保持する特殊権益の回収を大きな政治目標としていた。

そして満州でも、日本の南満州鉄道を回収しようとする運動が始まる。

日本としては、もちろん南満州鉄道の権益をおいそれと返すわけにはいかない。ロシアとの死闘でやっと獲得したものであり、これを返還するとなると日本中がひっくり返ったような騒ぎになる。

当時、満州を支配していた軍閥の張作霖《ちょうさくりん》は、はじめこそ親日的な立場をとっていた。だが、日本が南満州鉄道を返還しないことに業を煮やし、やがて日本を追い出す運動を始める。

張作霖は、南満州鉄道の利権を武力を使わずに奪い取ろうという計画を立てた。

1924年に「東三省交通委員会」という鉄道会社を作って、南満州鉄道に並行して走る鉄道の建設を始めたのである。

この並行線は中国人資本による建設だとされたが、実際には英米からの借款が行われている。中国人が経営していることに間違いはないが、英米も一枚かんでいたのだ。

この離反行為に腹を立てた日本は、1928年、張作霖を爆死させてしまうのだ。

●奪われた南満州鉄道のシェア

張作霖の死後、満州の軍閥は息子の張学良が継ぎ、満州鉄道の並行線の計画を大幅に拡充していく。

日本は当初、張学良の動きを静観していた。中国にはまだ鉄道を作り、運営する技術はないと踏んでいたからだ。

案の定、中国の鉄道運営技術は低く、列車はたびたび遅れた。だが、運賃が南満州鉄道よりも安く設定されており、南満州鉄道を利用する業者は高い税金が課せられたりしたため、南満州鉄道のシェアは徐々に奪われていく。

左の図のように、昭和3（1928）年と昭和6（1931）年（満州事変勃発の年）

■ 満州事変前後の南満州鉄道の収益

(単位千円)

	全体収益	鉄　道	港　湾
1928年	42,553	74,281	2,462
1929年	45,506	74,890	3,557
1930年	21,673	58,562	1,821
1931年	12,559	48,185	1,289
1932年	61,288	65,051	3,039

(天野博之『満鉄を知るための12章』吉川弘文館より)

を比較すると、南満州鉄道の収益は鉄道収益で約35％、港湾収益で約50％も減少。全体で見ると、利益が4分の1になってしまった。

ここにきて、日本は大慌てとなる。

南満州鉄道は、日本の大陸進出のカナメであり、収益の柱でもあった。その経営が悪化すれば、大陸政策そのものがつまずくことになる。

日本は中国に激しく抗議をした。清の時代、中国は日本と「南満州鉄道に並行する鉄道は作らない」という条約を結んでいた。それに違反する行為だと訴えたのだ。しかし、中華民国政府は、その抗議をまったく意に介さなかった。

当時、満州には日本の若者が大勢渡っていた。彼らは大陸浪人などと呼ばれ、不景気の日本本土で職を得ることができないため、大陸に渡って一旗揚げようともくろんでいた。

昭和6（1931）年の満州事変で進軍する関東軍。関東軍はわずか5ヶ月で広大な満州全域を支配するに至った。

この大陸浪人たちを中心に、満州の日本人の間で、中国の競合路線建設を糾弾する動きが活発化した。満州各地で決起集会が開かれ、そこには関東軍の幹部も呼ばれることが多かった。関東軍は満州在住の日本人の意を汲んだかたちで、ついに戦闘を開始するのである。

それが、昭和６（１９３１）年に勃発した満州事変なのである。

5

【国際連盟脱退は満州国否認決議が原因ではない】

日本が国際連盟を脱退した本当の理由

●実は日本に厳しくなかったリットン調査団

現在の歴史観では、日本は満州事変を引き起こしたことによって、国際的に孤立したと言われている。しかし、実は後世で言われているほど、日本は世界から孤立したわけではなかった。

満州事変というのは、関東軍が謀略によって中国に戦争を仕掛け、満州全体を制圧し、満州国という日本の傀儡《かいらい》国家をつくったという出来事である。中国は、この満州事変を国際連盟に訴えた。国際連盟はリットン調査団を派遣し、満州事変の調査を行った。

このリットン調査団の調査報告は、後世の我々の目から見るならば、それほど厳しいものではなかった。

「満州国は日本の傀儡国家であり、認められない」

としているものの、日本の満州における優先的な権益は認めており、国際監視の下で満州に自治的な国家をつくるよう提言しているのだ。

日本は、満州事変において国際世論を味方につける努力をせず、「国際連盟脱退」という決裂の道を選んでしまった。日本国内では、満州国建国でお祭り騒ぎのようになっており、これを差し戻す勇気のある政治家は誰もいなかったのである。日露戦争で国民の大反対を押し切って講和を結んだときとは大違いである。

日露戦争までは、日本の外交はかなり良好に機能していた。

孤高の覇者だったあの大英帝国と同盟を結び、そして日露戦争で大勝しているにも関わらず、国力の枯渇を冷静に分析し、泥沼の戦いになる前にすぐさま講和を結んでいる。

これが同じ国かというくらい、両者の外交能力には隔たりがある。

●日本が国際連盟を脱退した本当の理由

昭和8（1933）年3月、日本は国際連盟脱退を表明した。

この国際連盟脱退は、満州国に関して国際連盟が行ったリットン調査団による調査と、その決議に反対して行ったものとされている。総会に参加した44カ国のうち、42カ国が満州国否認の決議に賛成した。日本はそれに激怒し、脱退したというのである。

確かに大雑把にいえば、その通りである。

だが、実は国際連盟脱退の直接の原因は、そうではない。日本は国際連盟のある処置を警戒して、脱退したのである。

中国の上海に到着した「リットン調査団」。3ヶ月にわたって満州を査察し、「リットン報告書」と呼ばれる調査報告書を作成した。

その処置というのは、「経済制裁」である。

国際連盟は、後年「制裁処置がなかったので、十分に機能しなかった」とされている。だが、国際連盟も制裁処置は持っていたのだ。

国際連盟規約の第16条には、「国際連盟の決議を無視して戦争に訴えた国には、経済制裁を行う」と記されている。実際に、昭和10（1935）年にエチオピアに侵攻したイタリアは経済制裁を受けている。

当時の日本は、経済的に行き詰まっており、経済制裁を受けると大きな打撃を被ることが予想された。国際連盟で満州国の建国が否認されることは日本側もあらかじめ想定していた。そのため、先手を打つ形で日本は国際連盟を脱退したのだ。

国際連盟の規約では、経済制裁できる相手国というのは「連盟に参加している国」となっており、国際連盟に参加していない国に対する取り決めは存在していなかった。そのため、国際連盟から脱退さえすれば、国際連盟による経済制裁は受けなくて済んだのである。

もちろん、各国が独自にその国に対して経済制裁する可能性はあった。だが、それは各国の意志に任されていることだった。実際に、国際連盟から脱退後、ただちに日本に対して経済制裁を行う国はなかった。

日本としては国際連盟から完全に脱退するつもりはなく、国際連盟の本体から脱退したものの、連盟内にある諸団体（ＩＬＯ〈国際労働機関〉など）には引き続き留まっていた。脱退表明から正式に脱退するまでの猶予期間中も、分担金を払い続けている。つまり、日本が国際連盟を脱退した本当の理由は、とりあえずの経済制裁を逃れることだったのである。

●日本の孤立を招いたのは「盧溝橋事件」

日本が国際連盟を脱退した理由は、経済制裁を逃れることだったことを述べた。

それでは、当時の日本に対する海外の反応はどうだったのだろうか。

満州国否認の決議で、大部分が賛成票を投じたように日本を好意的に見る国は少なかった。しかし、なかには満州事変に一定の理解を示す国があったのである。

実は、イギリスもそのひとつだった。

たとえば、満州国の建国から半年後の昭和7（1932）年9月16日、イギリスの新聞タイムズ紙には次のような社説が載った。

「日本は満州に合法的に経済上の権益を持っているにも関わらず、中国の官憲は不合理にもこの権益を阻害した。日本はここ数年、これを是正させようとしたが、成しえなかったのである」

「日本の満州における経済的利害関係は、日本国民にとって死活問題である。日本はロシアの手から満州を救出し、満州が他の中国の各地のような無政府状態の混乱に陥ることを防いできた」

要するに、日本の満州国建国は仕方がない面がある、と言っているのだ。

イギリスは、インドをはじめ世界各地に植民地を持っており、当時は、それが国際世論の批判を浴びることもあった。満州国擁護はそうした非難をかわす意図も少なからずあったと思われる。だが、その点は差し引いても、満州国に対してイギリス国内が厳しい意見で統一されていたわけではなかったと見ることができるだろう。

聯盟よさらば！遂に協力の方途盡く

總會、勸告書を採擇し
我が代表堂々退場す
四十二對一票、棄權一

支那側勸告受諾
第六項の權利强調

けふ閣議で正式に
脱退方針を決定
聯盟離脱の最終手續

第五項の

松岡洋右の国際連盟の総会退出を伝える新聞。「連盟よさらば！　遂に協力の方途尽く」とある（東京朝日新聞、昭和８年２月25日）。

実際、日本とイギリスの間では満洲事変後に関係改善の動きがあった。

昭和12（1937）年には、日本とイギリスの間で「日英協約」が画策されている。これは悪化しつつあった日英関係を改善し、相互の協力関係を取り戻そうというもので、駐英大使の吉田茂などが中心となって交渉が進められていた。

日英関係の改善は日本だけでなく、イギリスも欲したものだった。

日英同盟は日本だけでなく、イギリスに利した面も多かった。一度は解消したが、アジアの強国である日本と協力関係を結ぶのは、イギリスの世界戦略にとって重要なことだったのだ。

同じ年に行われたイギリス国王ジョージ6世の戴冠式には、昭和天皇の名代として秩父宮雍仁親王が出席した。秩父宮親王は、イギリス政府から下にも置かぬような高待遇を受けた。

パレードの車列では、外国使節の中で先頭車両を割り当てられ、戴冠式でも外国王室の主賓として遇された。戦艦クィーン・エリザベスの観艦式では、他国の国賓が客船で陪観させられる中、秩父宮親王一行はクィーン・エリザベスの艦内に招待されている。

しかし、そんなイギリスのラブコールは、ある出来事をきっかけに突然止むことになる。そのきっかけとは、盧溝橋《ろこうきょう》事件である。

盧溝橋事件は、中国北京郊外で演習中だった日本軍と中華民国軍の間で偶発的に発生した武力衝突事件だが、日本と中国はそれがきっかけで全面戦争に突入してしまった。

この盧溝橋事件によって、日本はイギリスからの理解も失う。そして、国際社会から完全に孤立した日本は、太平洋戦争へと突き進んでいくことになるのだ。

6 なぜ日本は満州にこだわったのか？

【日本が満州に求めた3つのこと】

●なぜ日本は中国を目指したのか？

ここまで、日米対立の原因のひとつに、中国大陸での権益争いがあったことを述べてきた。

では、そもそもなぜ日本は満州に固執し、中国大陸での権益拡大を目指したのだろうか。

これには大きく三つの理由が考えられる。

一つは、「防衛線の確保」としてである。

中国は19世紀以降、非常に不安定な状態にあった。欧米列強の帝国主義に侵食され、国土は虫食い状態になり、中華民国が成立した後も国内で混乱が続いていた。

中国が不安定だと日本も大きな影響を受ける。

もし、中国がロシアに侵攻を受ければ、日本は朝鮮半島でロシアと直接対峙することになる。ロシアと朝鮮半島の間にある満州地域は、防波堤として手放せないと考えていたのだ。

二つめの理由は、「資源」である。

第一次世界大戦では、国力の限りを尽くした死闘が繰り広げられた。それを見た日本の軍部は「これからの戦争は短期決戦ではなく、全国力を傾けた総力戦になる」と考えた。

だが、日本には「資源」という大きなハンデがあった。

日本はイギリスのような広大な植民地を持っておらず、自国の勢力圏で調達できる資源は非常に限られていた。

満州の撫順（ぶじゅん）炭鉱

たとえば、満州事変の前の時点で、日本の石炭埋蔵量は１００億トン弱、そのうち容易に採掘できるのはせいぜい10億トン程度と考えられていた。これに対して、アメリカの石炭使用量は年間5億トンで、埋蔵量は日本の数十倍はあると目されていた。

鉄の埋蔵量は朝鮮半島を含めても

7000万トン程度とされており、これはアメリカの1年間の消費量にも及ばない量だった。石油に関してはさらに絶望的で、日本の油田すべて合わせてもアメリカのカリフォルニア州一州と同程度だった。

日本が日露戦争で得た南満州地域には、石炭や鉄などの資源が眠っていた。満州全域に目をやれば、さらに多くの資源があった。満州事変の大きな動機のひとつは、それらの資源を確保することだったのだ。軍部の中には満州だけでなく、華北や華中の資源も確保すべしと考える者がいた。それが日中戦争拡大につながったのである。

●もうひとつの目的「人口問題の解決」

日本が満州に固執した3つめの理由は、「人口問題の解決」である。

日本では、明治以降、爆発的な勢いで人口が増加していた。幕末は3000万人ちょっとだったのが、昭和初期には6000万人を大きく超え、太平洋戦争前には7000万人を突破している。

当時の政府は、これだけの人口をとても日本国内だけではまかない切れないと考えた。そのため、政府は南北アメリカを中心に移民を奨励していたが、昭和初期になると移民を受け入れる国はなくなっていた。そのため、日本は新たな移民先を探さなければならなく

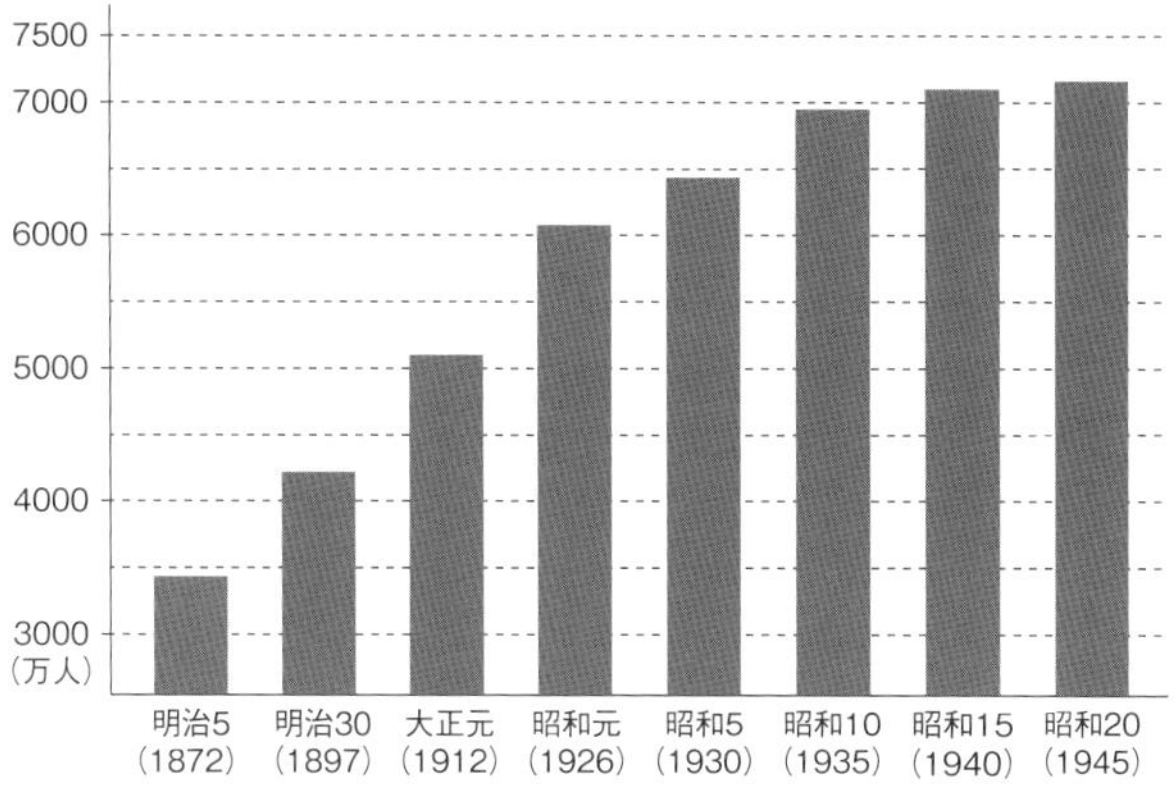

戦前の日本の人口推移（総務省統計局のデータから作成）

なった。その移民先としてもっとも期待されたのが、満州なのである。

満州国が建国されるとすぐに、日本は満州への大規模な移民計画を立てた。１９３２年から45年までの間に５００万人を移住させ、満州の原野を開拓させるというものである。

国は満州には「豊穣な土地が広大にある」と喧伝し、開拓移民者を募った。開拓者のみならず、開拓者の花嫁となる女性たちも「大陸の花嫁」として募集された。農家の二男など生活する術のない青年たちが、この募集に応じた。

しかし、移民者に与えられた土地は凍てつく原野ばかりだった。伝染病や栄養失調などで健康を害する開拓民は引きも切らず、満州での乳幼児の死亡率は日本国内の２倍に達し

満州国の移住地に到着した日本人移民団の本隊。農耕の時期に間に合うように２月から３月にかけてまとめて入植したという。

ていた。

満州は治安も決してよくなかった。匪賊《ひぞく》が各地で破壊活動をしたり、山賊行為などを働いていた。満州開拓団は、農作業よりもまず、匪賊からの防衛に力を注がなければならなかった。

だが、そんな土地でも日本にとっては、決して手放すことができない土地だった。だからこそ、満州からの軍の撤退を求めるハル・ノートをつきつけられた日本は、交渉の席を立ち、勝てないと分かっていた戦いに突き進んだのだ。

第二章

太平洋戦争開戦にまつわる謎

1

【ルーズベルトは真珠湾を本当に知らなかったのか？】

「真珠湾攻撃」にまつわる不都合な事実

●通説では説明できない謎

太平洋戦争の開戦の経緯には、謎が多い。

歴史の通説では、開戦の経緯は次のように説明されている。

「日本軍の南進政策に激怒したアメリカが石油禁輸などの経済制裁を発動。それに対して日本がハワイ・真珠湾のアメリカ太平洋艦隊を奇襲し、太平洋戦争が始まった」

しかし、日米開戦に至る両国の交渉をつぶさに見てみると、この通説だけでは説明できない不可解な点が多々あることに気がつく。

太平洋戦争が始まる昭和16（１９４１）年、日本とアメリカは戦争を避けるために、お互いに妥協点を探りながら粘り強く交渉を重ねていた。だが、ある時から急に、アメリカは日本を突き放すような態度をとり始める。

詳細は後に譲るが、言葉をかえるなら、まるでアメリカはわざと日本に攻撃することを

昭和16（1941）年10月のハワイ・真珠湾。この2ヶ月後に日本軍は大編隊により、奇襲攻撃をかけ、太平洋戦争が勃発した。

仕向けるような態度をとるようになるのである。

●不可解な点の多い真珠湾攻撃

日米開戦のきっかけになった、日本軍の真珠湾攻撃にも謎は多い。

日本軍の真珠湾攻撃は、空母6隻、戦艦2隻、巡洋艦3隻、艦載機350機を投入するという大規模な軍事作戦だった。

この日本軍の攻撃で、真珠湾に展開するアメリカの太平洋艦隊は壊滅的な被害を受けた。

通説では、日本軍の真珠湾攻撃はアメリカの不意を突いた奇襲攻撃であったとされている。

アメリカ合衆国の第32代大統領フランクリン・ルーズベルト。日米開戦に関しては、陰謀に関与したのではないかとの説がある。

しかし、これほど大掛かりな作戦を、世界中に情報網を張り巡らせていたはずのアメリカが、どうして見抜けなかったのだろうか。

真珠湾はアメリカ太平洋艦隊の拠点であり、アメリカのアジアにおける要衝だった。戦争になればまっさきに標的にされるであろうその場所を、なぜアメリカは無防備に攻撃されたのか。

真珠湾攻撃に関しては、アメリカの陰謀だったとする見方もある。

俗に言う「ルーズベルト陰謀説」である。

アメリカのフランクリン・ルーズベルト大統領は、諜報員などからもたらされる情報で、日本軍が真珠湾を攻撃することを事前に知っていた。しかし、あえてそれを黙殺。アメリカが第二次世界大戦に参戦する口実を作るために、そのまま日本軍に真珠湾を攻撃させた、というものである。

この「ルーズベルト陰謀説」は古くから日米両国で検証が行われてきた。その中でこの説の信憑性を裏付けるような資料も発掘されている。

はたして、ルーズベルト大統領は本当に真珠湾攻撃を知っていたのか。戦争に参加するために、わざと攻撃させたというのは本当なのか。

「ルーズベルト陰謀説」には、日米開戦の謎を解く鍵が隠れている。最新の研究成果に基づき、日米開戦の謎に迫っていこう。

2 本当は戦争がしたかったルーズベルト

【アメリカが抱える「参戦できない」ジレンマ】

●ルーズベルトは「絶対に戦争はしない」と国民に明言していた

太平洋戦争が始まる1年前、つまり昭和15（1940）年のことである。

アメリカでは、大統領選挙が行われていた。

民主党の候補者は、それまで2期連続で大統領をつとめたフランクリン・ルーズベルト。対する共和党はウェンデル・ウィルキーを候補者に立て、激しい一騎打ちが繰り広げられた。

この大統領選の大きな争点になったのは、「第二次世界大戦」だった。

第二世界大戦が始まったのは、この大統領選の前年。ナチス・ドイツはヨーロッパで快進撃を続けており、すでにオランダ、フランスを降伏に追い込んでいた。この第二次世界大戦にアメリカが参戦するかどうかが、国民の最大の感心事になっていたのだ。

共和党のウィルキーはアメリカの参戦こそ否定したが、苦戦が予想されるイギリスを助けるために武器などを支援すべきだと主張した。これを受けて、ルーズベルトも武器を供与し、防衛のために徴兵制をとる考えがあることを明らかにする。それを聞いたウィルキーが「国民を戦争に巻き込むつもりではないか」と非難すると、ルーズベルトはこう答えた。

「みなさんの息子がいかなる戦争に送り込まれることはない」

太平洋戦争のわずか1年前、ルーズベルトは選挙演説でそう公約したのである。

●戦争を嫌ったアメリカ国民

アメリカというと、現代の我々からすれば、世界中のあらゆる紛争に首を突っ込む〝好戦的な国〟というイメージがある。

しかし、誤解されがちだがアメリカの国民がみな戦争を好んでいるわけではない。

アメリカは自由主義の国であり、個人主義の国である。個人が自分の利益を追求するのを是とする国民性がある。戦争はときに大きな利益を生むが、それを手にできるのは一握りの者だけだった。アメリカの国民は、むしろ戦争を嫌ってきたのである。

1940年の大統領選挙もそうだった。

ナチス・ドイツの攻勢でヨーロッパは危機に瀕していたが、大多数の国民は「他国の戦争に巻き込まれるのはまっぴらだ」と思っていた。

その背景には、第一次世界大戦の苦い経験がある。

1914年に始まった第一次世界大戦に、アメリカは終盤になって参戦した。ヨーロッパで長期間戦っていた国々に比べ、被害は圧倒的に少なかったが、それでも10万人以上ものアメリカ人兵士が犠牲になった。

当時のアメリカは、他の国々と距離を置く「モンロー主義」と呼ばれる外交方針をとっており、昭和10（1935）年には戦争中や内乱中の国への武器の輸出などを禁じる「中立法」をルーズベルト自ら署名をして作っている。それらはすべてヨーロッパの戦争に巻き込まれないためのものだった。

アメリカはこの頃、すでに世界随一の工業国になっており、農業大国でもあり、資源大国でもあった。国内にも巨大な市場を有していたため、ある程度孤立してもやっていける国力があった。戦争の危険を冒してまで、無理に他国と付き合う必要はなかったのだ。

第一次世界大戦後、アメリカのウィルソン大統領が提唱し、「国際連盟」が発足したが、アメリカ自身は議会の反対にあって参加しない、という醜態を演じた。これも国際連盟に加盟することで、ヨーロッパの紛争に巻き込まれることを国民が嫌がったからである。

第一次大戦も第二次大戦も、主戦場は遠く離れたヨーロッパである。アメリカの領土や植民地が攻撃を受けたり、占領されたわけでもない。アメリカの大多数の国民は、そんな戦争は無意味であり、そのために犠牲になるのはバカバカしいと考えていたのである。

しかし、アメリカの指導者はそうは思っていなかった。いつの時代も、戦争を欲するのは上に立つ人間である。大統領選で「戦争はしない」と約束したルーズベルトも本当は戦争をしたがっていた。だが、国民は戦争に反対している。だから、ルーズベルトをはじめとするアメリカの指導者たちはあの手この手を使って、国民を戦争に引きずり込もうとしたのである。

ウィルソン大統領の提唱で、国際的な平和維持機構として誕生した国際連盟。しかし、言い出しっぺのアメリカは参加しなかった。

●ルーズベルトが戦争を欲したワケ

ルーズベルトは大統領選挙の頃から、いずれアメリカは戦争に参加せざるを得なくなると考えていたと思われる。

ヨーロッパでは、ナチス・ドイツが猛攻を続けており、すでにオランダとフランスが降

政権を奪取する前のヒトラー。世界恐慌を経て、ナチスもまた、ヨーロッパに独自の経済圏「マルク・ブロック」を築こうとしていた。

伏。イギリスのチャーチル首相は執拗にアメリカの参戦を求めていた。

　ドイツはアメリカにとっても見過ごすことができない国だった。

　実はドイツは工業国として、当時のアメリカの最大のライバルだった。そのドイツがイギリスを倒し、西ヨーロッパの覇権を握れば、アメリカ製品はヨーロッパ市場から閉め出されるおそれがある。事実、ナチス・ドイツはヨーロッパに自国を中心とした新しい経済圏を作ろうとしていた。指を咥えて見ていれば、恐れている事態が現実になる可能性は充分に考えられた。

　また、アジアに目を向ければ、日本がヨーロッパの混乱を突き、フランス領インドシナに進出するなどして猛威を振るっていた。このままでは、日本はアジアで覇を唱えるかもしれない。実際、日本は「東亜新秩序」という方針を発表し、東アジアに日本を中心とした新しい国家の枠組みを作ると言い出した。いまの日本の勢いからすれば、それが東アジアだけでなく、アジア全域に波及するおそれがあった。

　このドイツと日本の動きは、アメリカの国益という意味では決して見過ごすことができないものだった。

　しかし、いくらドイツと日本を排除したいと思っても、国民を納得させなければ戦争はできない。そこでルーズベルトが考えたのが、「ドイツ、もしくは日本から先に攻撃をさせる」ということだった。向こうから攻撃をしかけてきたのなら国民も納得する。そうすれば国家が一丸となってドイツや日本を叩くことができる。

　そして、アメリカは戦争に向かって動き出す。最初のターゲットになったのは、日本ではなく、ドイツだった。

3

【中立法の抜け穴をついてドイツを挑発】アメリカの最初の標的はドイツだった⁉

●武器貸与法という宣戦布告

イギリスから度重なる参戦要請を受けたルーズベルトは、昭和16（1941）年3月に「武器貸与法」という法律を成立させる。

その中身は「大統領がアメリカ防衛のために必要だと考えた場合は、戦争中の国を支援できる」というものだった。具体的に言えば、連合国であるイギリス、フランス、そしてドイツと交戦中だったソ連、日本と交戦中の中国に軍需物資を支援しようというものだ。

この武器貸与法の成立により、「中立法」は骨抜きになり、アメリカは公然とイギリスに軍需物資を送るようになった。

だが、このアメリカの行動は大きな危険を伴うものだった。

当時の国際法では、戦争中の国に対して武器などの支援をすると、その戦争に参戦しているのと同じ扱いになった。そのため、その戦争の相手国は第三国の支援を妨害したり、場合によっては第三国の輸送船を攻撃することも許された。つまり、武器貸与法はドイツに対する宣戦布告に等しいものだったのである。

しかし、ルーズベルトは「戦争はしない」と国民に約束した手前、「あくまでこれは戦争ではない。支援をしているだけだ」と言い張った。

そして、中立法のギリギリの抜け穴をついて、危険な輸送業務を開始した。

中立法では、アメリカの輸送船に軍艦の護衛をつけることはできないとされていた。軍艦の護衛をつければ相手国と戦闘になるかもしれないし、そもそも戦闘地域にアメリカの輸送船を入れることは禁じられていたからだ。

しかし、ルーズベルトは実際は戦闘地域にも関わらず「アメリカの商域である」と主張し、輸送船を送り込んだ。そして、パトロールという名目で周辺海域に軍艦を派遣した。事実上の

イギリスとの武器貸与法（別名：レンドリース法）を統括したエドワード・ステティニアス（左）。1944年にコーデル・ハルの後を継ぎ、国務長官に就任した。

武器貸与法に基づき、アメリカからイギリスに送られた水冷式マシンガン。アメリカは多数の武器・弾薬をイギリスやソ連、中国に送った。

護衛であったにも関わらず、ルーズベルトは「これはパトロールに過ぎない」ととぼけたのだ。

●アメリカの挑発を耐え忍ぶヒトラー

ルーズベルトの狙いは明らかだった。ドイツ軍にアメリカの商船や軍艦を攻撃させて、「向こうが先に攻撃した」として、参戦に持っていこうということだ。

先程も述べた通り、敵対国を支援する輸送船を撃沈したり、護衛艦を攻撃するのは、国際法上、認められている権利である。ドイツとしては、戦略的に見ても、イギリスやソ連への輸送物資はなんとしても断ち切らねばならなかった。

しかし、アメリカに手を出せば参戦する口実を与えることになる。ドイツ軍はアメリカの傍若無人な振る舞いにも我慢強く対処していた。

挑発してもなかなか乗ってこないドイツにしびれを切らしたのか、アメリカの「パトロール艦隊」は輸送作戦の裏で、実際はドイツ軍に手を出していたとみられている。

アメリカはこの輸送作戦の間、たびたびドイツ軍の潜水艦から攻撃を受けたと発表した。

たとえば、昭和16（1941）年9月には、アメリカの駆逐艦グリアー号が大西洋上でドイツ軍に攻撃を受けたと発表された。ドイツ軍の潜水艦が魚雷を数発発射してきたため、グリアー号はやむなく爆雷を投下して反撃した、というのだ。当時、グリアー号は大西洋で「パトロール」の任務についていた。

それに対して、ドイツ側はすぐに反論した。

ドイツ側によると、「ドイツの封鎖海域において、ドイツ軍の潜水艦がグリアー号から追跡され、真夜中まで爆雷による激しい攻撃を受け続けた」という。そしてドイツは、この発表の最後にこう付け加えている。

「ルーズベルトはこうしてあらゆる手段を講じてアメリカ国民を戦争におびき寄せるための事件を

輸送船に積み込まれる救援物資。武器貸与法では、銃火器や弾薬だけでなく、戦車や爆撃機などの大型兵器も送られた。

誘発しようとしているのだ」(『ルーズベルトの責任〜日米戦争はなぜ始まったか〜』チャールズ・A・ビーアド著・開米潤監訳／藤原書店　より引用)

これには明確な証拠が残っているわけではないので、今となってはどちらが本当のことを言っていたかはわからない。

しかし、アメリカ国民はどちらかというと、ドイツの主張を信じたようだった。ルーズベルトがいかに「ドイツ軍から攻撃を受けた」といっても、決してアメリカの世論は参戦には傾かなかったからだ。

アメリカ国民は、懲りていたのだ。

第一次大戦で、アメリカがイギリスに支援をしているとき、たまたまドイツ軍との偶発的な戦闘が起き、それをきっかけにアメリカ国民は戦争に引きずり込まれた。

もうその愚は繰り返さない、ということである。

●ルーズベルトを喜ばせたカーニー号事件とは？

昭和16(1941)年10月17日、つまりグリアー号事件の6週間後、さらに大きな事件が起きる。

アメリカの駆逐艦カーニー号が、ドイツの潜水艦から攻撃を受けたのである。

しかも、今回は死傷者も出た。数人が負傷し、11人が行方不明となったのだ。当時、事件の詳細は「調査中」として公表されなかったが、ルーズベルトはこの事件が決定的なものになると考えた。なにしろ、死者（この時点では行方不明者）まで出ているのである。これで国民も戦争に傾くはずだと思ったのだ。

ドイツの潜水艦から攻撃を受けたとされた駆逐艦カーニー号。上院の海軍委員会の調査で中立法に反した任務についていたことが発覚した。

この事件の10日後の10月27日、ルーズベルトは国民に向けて演説を行った。

「アメリカはドイツから攻撃を受けた」

「最初の攻撃はドイツから行われた」

と繰り返し訴えたのだ。

これは、どういうことを意味するのか？

アメリカの中立法では「アメリカは攻撃された場合を除いて戦争に参加しない」という規定がある。つまり、アメリカは基本的に他国同士の戦争には参加しないが、相手側から先に攻撃を受けた場合は、その限りではないということなのである。

ルーズベルトが「アメリカはドイツから攻撃を受けた」と言ったのは、中立法の「戦争参加」の条件に合致する。つまり「今から戦争をしましょう」と国民に問いかけたのだ。

しかし、アメリカの議会や国民はその手には乗らなかった。

カーニー号事件は、ただちに上院の海軍委員会によって調査された。その調査結果はすぐには発表されなかったが、その内容は国民に漏れ伝わった。

上院の海軍委員会の調査によって判明した事件のあらましはこんなものだった。

パトロール任務についていたとされたカーニー号だったが、実際はイギリスを支援するための輸送船団の護衛をしていた。

カーニー号は、その過程でドイツの潜水艦と遭遇、長時間にわたって戦闘を繰り広げており、潜水艦からの魚雷はその戦闘の過程で行われたものだった。

先程も述べたが、軍艦が輸送船団を護衛することは中立法で禁じられた行為だった。ましてや、戦闘をするなどもっての他だった。中立法はそもそも、偶発的な戦闘から戦争に発展するのを防ぐ狙いがあった。法律を破ったカーニー号が攻撃を受けたのは、ある意味、自業自得だったのである。

それを知った、アメリカ国民の反応は冷ややかだった。

この一件で、アメリカ国民は少し攻撃を受けたぐらいでは参戦を許さないことを、ルーズベルトは知った。

「より大きな被害を受けなければ、アメリカは参戦できない」

そう考えたルーズベルトは、そのターゲットをドイツから日本に変えた。

そして、カーニー号事件からわずか1か月後に、アメリカは日本にあるものを突きつける。

それが太平洋戦争の引き金となった、「ハル・ノート」だったのである。

4

【アメリカが日本に突きつけた最後通牒】

「ハル・ノート」はルーズベルトの挑発だった

●「ハル・ノート」に隠された真実

ルーズベルトがカーニー号事件で第二次世界大戦への参戦を画策していた頃、すでにアメリカは日本に対し、石油の禁輸措置、日本人の対米資産の凍結などを行って圧力をかけていた。

だが、対独戦参戦の可能性があったこの時点では、まだアメリカは日本との戦争に踏み切る決断はしていなかったものと思われる。

なぜなら、仮にドイツと戦争になり、日本とも戦うことになると、アメリカは二正面で戦闘しなければならなくなる。いかに大国アメリカとはいえ、二正面作戦となるとかなりの苦戦が予想された。そのため、日本を追い詰めながらも決定的な決裂だけは避けていたのだ。

しかし、ドイツがなかなか挑発に乗ってこないことに焦れたルーズベルトは、日本に最後通牒を突きつけることを選んだ。

それが、昭和16（1941）年11月26日に日本に送った「ハル・ノート」である。

これまでハル・ノートには、歴史学的に疑問が呈されてきた。

アメリカは、それまで日本と曲がりなりにも妥協する努力を見せていた。実際、石油の輸出を禁じた後も、「南部仏印に進駐しなければ、石油輸出再開の用意がある」といった妥協案を示している。

日本の中国進出後、対立を深めていた日本とアメリカだが、実際は経済上、非常に強い結びつきがあった。第一次世界大戦から第二次世界大戦に至る〝戦間期〟、日本の最大の輸出相手はアメリカであり、なんと日本の輸出全体の4割をアメリカが占めていたほどだった。日本はアメリカにとってもカナダ、イギリスに次ぐ3番目の輸出相手だった。貿易においては、日本とアメリカは〝お得意様〟だったのである。

ところが、ハル・ノートでは一転、南部仏印どころか、中国大陸からの全面撤兵がない限り、交渉の余地はないという強い姿勢を見せてきた。

ハル・ノートの内容は、アメリカ国内でもしばらくの間、開示されなかった。日米開戦後にハル・ノートが開示されたとき、アメリカ国内でも「これは事実上の交渉打ち切りではないか」とする疑問が湧きあがったほどだった。

なぜアメリカは急に交渉打ち切りを宣言したのか？

それは、ドイツとの一連の流れを見れば、自然に見えてくるはずだ。

ルーズベルトは当初はドイツ・ルートで第二次世界大戦の参戦を試みたが、それを果たせなかった。そのために、日本ルートでの参戦を選んだのだということである。

●ルーズベルトは真珠湾攻撃を事前に知っていたのか？

ここまでを踏まえて、改めて本章の冒頭で触れた真珠湾攻撃の「ルーズベルト陰謀説」について考えてみたい。

陰謀説では、ルーズベルトは日本の真珠湾攻撃計画を事前に掴んでいたが、日本に攻撃させたかったので、情報をわざと握り潰したとされている。

なぜ、そうした陰謀説が生じたのか？

まず言えるのは、日本の真珠湾攻撃があまりにタイミングが良すぎたことがある。

ドイツと日本に圧力をかけていたアメリカだが、実はアメリカ自身もかなり苦しい立場に置かれていた。

ヨーロッパ戦線では、ナチス・ドイツが依然として猛威を振るっており、支配地域を次々と拡大していた。ドイツは、１９４０年５月に難攻不落とされたマジノ線を越えてフランス東部に侵入。英仏連合軍をイギリス海峡まで追い詰め、パリを陥落させると、フランス全土を支配下に置いて傀儡のヴィシー政権を誕生させた。

同年9月には日独伊三国軍事同盟を締結して日本とイタリアと手を結ぶ。1941年4月にはユーゴスラビアやギリシアに侵攻し、エーゲ海の要衝クレタ島を占領。ハンガリー王国やブルガリア王国、ルーマニア王国を陣営に加えて、6月に不可侵条約を破棄してソ連を攻撃。ドイツ軍はモスクワを陥落寸前まで追い詰めた。

一方、日本は1941年7月に南部仏印への進駐を開始、南方の石油資源を手中に収めようとしていた。そうなれば、アメリカがとった石油禁輸措置は意味をなさなくなる。

凄まじい勢いでヨーロッパの支配地域を広げるドイツ、そして東南アジアに進出し、資源を手に入れつつある日本……、アメリカに猶予は残されていなかったのである。

昭和15（1940）年9月から、ドイツ軍によるロンドン大空襲が行われた。写真は空爆後に崩壊したロンドンの街並み。

そういう時に、真珠湾攻撃が起きてアメリカは絶好の機会を得る。アメリカにとってこれ以上ない、絶妙のタイミングである。

真珠湾陰謀説は、情況証拠ばかりでなく、直接的な証拠もいくつか取り沙汰されてきた。たとえば、ＦＢＩ長官のフーバーは、真珠湾攻撃の情報を事前に掴み、ルーズベルトに進言したと証言したことがある。また映画『００７』のモデルとなったとされるナチスとイギリスの二重スパイ、ドゥシャン・ポポヴなども、真珠湾攻撃の情報を事前に掴み、ＦＢＩに流したと回顧録に記述している。

真珠湾攻撃の際のアメリカ太平洋艦隊の陣容から、アメリカは事前に情報を得ていたと指摘する声もある。

日本軍が真珠湾攻撃を行った際、太平洋にはアメリカ軍の空母が3隻いたが、いずれも真珠湾基地にはいなかった。日米が開戦したとすると、真珠湾が最初に攻撃される可能性はあった。真珠湾は浅瀬で魚雷が使えないこと（当時はそう思われていた）から、攻撃されるとすれば艦載機による爆撃だった。空母は戦艦に比べ装甲が薄いことから、爆撃されれば被害が大きい。つまり、真珠湾攻撃の時点では、爆撃に強い戦艦だけが真珠湾に残り、爆撃に弱い空母は避難させられた、とみることもできる。

また空母エンタープライズを擁する第八機動部隊は真珠湾出航後、行動を秘匿し、24時間の哨戒を行っていた。そして国籍不明の船舶、航空機、潜水艦が発見された場合には、攻撃するように命令されていた。

当時は、まだ日本と開戦する前のことである。第八機動部隊のこの行動は「アメリカ軍が事前に真珠湾攻撃を知っていた」とする根拠として挙げられることが多い。

アメリカ太平洋艦隊の空母エンタープライズ。真珠湾攻撃時には、母港を離れ、24時間態勢の哨戒任務についていたとされる。

●真珠湾攻撃はアメリカの常套手段だった

真珠湾攻撃というのは、日本軍から卑怯な不意打ちを食らったので、アメリカが怒って立ち上がったという構図になっている。

この構図、つまりは、

「他国から攻撃を受けたために、アメリカは仕方なく戦争を決意する」

というパターンは、実はアメリカの常套手段でもあった。

アメリカは、以前に何度もこのパターンで戦争に参加しているし、第二次世界大戦以降も繰り返しよく使っている。

たとえば、1898年の米西戦争も、ハバナ湾でアメリカの軍艦メイン号が突然爆発したことが契機となっている。

当時、アメリカに隣接していたキューバはスペインの植民地だったが、このキューバの独立運動にアメリカは加担していた。スペインはキューバの独立運動に対して、厳しい締め付けを行ったので、アメリカとスペインの関係は悪化していたのだ。

そんなときにメイン号爆発事件が起きたのだ。

ハバナ湾で爆発したメイン号。爆発の原因として機雷説、燃料の石炭引火説、アメリカによる自作自演説などがあるが、現在でも真相は不明だ。

このメイン号爆発事件の原因は今でも不明とされているが、当時のアメリカの世論は「スペイン人によるもの」として沸騰し、アメリカは戦争に踏み切った。

第一次世界大戦のアメリカ参戦も、ドイツ軍の潜水艦攻撃が、たびたびアメリカの商船を攻撃し被害をもたらしたことが要因の一つとなっている。だが、大戦中、アメリカはイギリスと交易を続けており、それがドイツ軍の攻撃対象となることは、あらかじめわかっていたことでもあった。

トンキン湾事件を受けて、アメリカ軍は「死の鳥」と恐れられたB-52戦略爆撃機を投入。ベトナム北部全土に執拗な爆撃を加えた。

また、ベトナム戦争も似たような経緯がある。

ベトナム戦争へのアメリカの本格介入はトンキン湾事件が契機となっている。トンキン湾事件というのは、1964年8月、北ベトナム沖のトンキン湾で北ベトナム軍の艦艇がアメリカの駆逐艦に魚雷を発射したとされるものである。

これにより、アメリカの世論は戦争に大きく傾き、時のケネディー大統領はベトナムへの本格的な参戦を決定した。

当時、アメリカはベトナムの社会主義政権樹立を危惧しており、政権打倒を画策していた。

だが、国民世論が戦争に反対していたために本格的な介入が果たせなかったのである。このトンキン湾事件のために、アメリカは〝晴れて〟ベトナム戦争への本格介入が可能になった。

だが、このトンキン湾事件は、その後「ニューヨーク・タイムズ」により、アメリカ国防総省の陰謀だったことが暴露された。

さらに言えば、２００１年の「９・11」にも同様に疑惑がある。

あのような大規模なテロを、アメリカのＣＩＡなどの情報機関が事前に何も察知していなかったというのは、疑問の残るところではある。またワールドトレードセンターのビルの崩壊に関して、「飛行機の激突では物理的にあのようにきれいに崩壊することはあり得ない」「内部で爆発物が仕掛けられていたはず」と主張する科学者なども多数いて、アメリカの国内外で未だに議論が続いている。

アメリカ同時多発テロ「９・11」をきっかけに、アメリカはイラクとの戦争を決定した。だが、ブッシュ大統領が主張していた「大量破壊兵器」は、結局、最後まで見つかっていない。

5

【日本軍の予想を超えた作戦実行力】
真珠湾攻撃でなぜ米軍は大損害を受けたのか

●ルーズベルトの誤算

真珠湾攻撃陰謀説には、強い反対論もある。

なぜならば真珠湾攻撃で受けたアメリカ軍の被害は、わざとやらせたとするにはあまりに大きかったからである。

真珠湾攻撃では、アメリカの太平洋艦隊の戦艦8隻のうち5隻が沈没、3隻が大破している。戦死者も2000人以上である。

アメリカの太平洋艦隊は、事実上、壊滅に近い被害だったといえる。いくらアメリカが物量大国だといっても、これだけの損害を容易に回復できるものではない。事実、アメリカが太平洋で攻勢に転じるには、2年の歳月がかかっているのである。

では本当に、ルーズベルトは真珠湾攻撃を知らなかったのか？

それは、状況的にイエスとは言えない。

ならば、なぜこれほどまでに大きな被害を被ってしまったのか？

そこに、ルーズベルトの大きな誤算がある。真珠湾攻撃の被害がここまで大きくなることは予測していなかったのではないか、ということだ。

前述したように、ルーズベルトは、ドイツとのカーニー号事件の経験から、乗組員が数十名死んだくらいではアメリカ国民は戦争に傾かないということはわかっていた。

そのために、真珠湾にわざと隙を作った。

「戦艦に大きな被害を受けさせ、数百人規模での死傷者を出させる」

それがルーズベルトの目論見だったと思われる。しかし、ルーズベルトはそこで大きな見込み違いをしていた。日本軍が予想以上に強かったのである。

●史上初の空母による大規模空爆

真珠湾攻撃の被害が、ルーズベルトの予想をはるかに超えたものになった最大の要因は、「空母艦載機による大規模空爆」が行われたからだ。

空母艦載機による大規模な空爆というのは、歴史上、真珠湾攻撃が最初だった。おそらくルーズベルトも空母艦載機が数十機で爆撃をする、という程度にしか考えていなかったはずである。

だが、真珠湾攻撃では、6隻の空母から350機という大編隊が発進し、無防備のアメリカ太平洋艦隊をメチャクチャに叩き壊した。日本軍の大編隊はアメリカの戦艦群に大損害を与えただけでなく、基地内にあった多数の航空機を撃破し、米軍兵の戦死は2000人以上に達している。空母からの空爆としては、第二次大戦を通じてこれが最大の被害である。

日本軍の大編隊に爆撃を受ける真珠湾基地。太平洋艦隊は空母艦載機による大規模空爆という史上初の作戦により壊滅に近い損害を出した。

第二次大戦前には、まだ英米ともに空母をどのように使うべきか明確な方針を持っていなかった。空母はまだ艦隊の中では、補助的な使用にとどまっていたのだ。

当時の海軍の王様は、やはり戦艦だった。

そのため、各国海軍の艦隊の中心は戦艦で、空母という新兵器を保有する国でも空母を中心とする艦隊は編成していなかった。空母は艦隊に2隻程度を付随させ、その航空機をもって艦隊を護衛させるもの、という認識

■ 太平洋戦争前の日本軍とアメリカ軍の稼働可能な空母、戦艦の保有数

	日本軍	アメリカ軍
保有する空母数	8隻	7隻
保有する戦艦数	10隻	17隻

だったのである。

しかし日本軍は、それまでの海軍の常識を破り、空母を中心とした艦隊を編成し、空母からの大規模な空爆作戦をしようと考えた。

真珠湾攻撃を企画したのは山本五十六だと言われている。

山本がこの計画を提出したとき、海軍では賛否両論があった。しかし、航空機の攻撃力を信じていた山本は、この計画を強引に実行した。山本五十六が名将と称されるのは、空母による大空爆を実施したことによるのだ。

また山本に限らず、日本海軍は空母や航空機の重要性をすでに認めていた。それは太平洋戦争前の軍備を見れば明らかである。上の表のように太平洋戦争の開戦当時、空母の数は日本軍の方がアメリカ軍よりも多かった。

日本は、アメリカに比べてはるかに国力が劣るなか、世界に先駆けて航空機を重視し、海戦の主役が空母になることを見越して、限られた資源を空母の製造に充てていたわけである。

また戦艦と空母の保有割合を見ても、アメリカ軍は戦艦を空母の倍以

真珠湾攻撃で使われた日本軍の「九一式魚雷」。それまでの魚雷の常識を覆す画期的なものだった。

上も持っていたのに対し、日本軍は空母を戦艦と同じ程度揃えている。これを見ても、日本海軍はアメリカよりもはるかに空母の重要性を認識していたことが伺える。この先進的な戦術が、ルーズベルトの大きな誤算を生んだのだ。

●真珠湾攻撃は地形的に不可能とされていた

ルーズベルトの誤算は、まだある。

真珠湾の爆撃ではそれほど大きな被害は出ない、と思っていたフシがあるのだ。

というのも真珠湾は、地形的に当時の技術では、航空機による攻撃は困難だとされていた。

戦艦を航空機が攻撃するとき、もっとも効果があるのは魚雷である。魚雷で船腹を破れば、火薬庫を爆発させるなどの多大な被害を与えることができる。戦艦は装甲が厚いため、上空から爆弾を落としてもそれほど効果はない。戦艦を沈めるためには、魚雷攻撃が必要だったのだ。

航空機が魚雷攻撃をする場合、海中に投下された魚雷は一旦、海の中を60メートルほど潜り、そこからスクリューが回り上昇して目標物に向かっていく。が、真珠湾は浅瀬のため、海底まで12メートルしかない。魚雷を打ち込んでも、船に到達する前に海底に突き刺さってしまうのである。

また、当時の航空機の魚雷攻撃は、高度１００メートルくらいから目標物の１０００メートル手前くらいで魚雷を投下するというものだった。

しかし、真珠湾は、湾内が最長でも５００メートルくらいしかなく、岸壁には煙突やクレーンなどの港湾施設が迫っている。そのため航空機は、障害物を避けて急降下爆撃のような方法しかとれず、従来の方法では魚雷を打ち込むことは不可能だった。

つまり、真珠湾というのは、航空機による攻撃が非常に難しい港だったということになる。だからこそ、アメリカの太平洋艦隊は無防備だったという面もあるのだ。

では、日本軍はどうやって真珠湾攻撃を行ったのか？

まず魚雷の改造をした。あまり沈まない「浅沈度《せんちんど》魚雷」というものを開発したのである。

そして艦載機の搭乗員たちが、鹿児島県に集められ、錦江湾で魚雷攻撃の猛特訓が行われた。錦江湾は、地形が真珠湾によく似ていたのである。

その結果、不可能とされていた真珠湾への魚雷攻撃を成功させたのだ。

もし、魚雷攻撃が出来ずに爆弾だけの攻撃ならば、戦艦5隻を沈めるなどという大戦果をあげることはできなかっただろう。

ルーズベルトが真珠湾攻撃を許したのも、これほどの損害を受けるとは予測していなかったからだと考えられるのだ。

6

【世界に衝撃を与えた開戦序盤の日本の快進撃】

日本は1年足らずで降伏すると思われていた

●日本の国力も見誤ったルーズベルト

真珠湾だけではなく、日本の国力そのものにもルーズベルトは大きな計算違いをしていた。

当初アメリカは、アメリカとその同盟国による経済封鎖のため、日本の軍需物資の備蓄は1年も持たないと踏んでいた。

財務長官の特別補佐官のハリー・ホワイトは、日本の石油の備蓄は1年以内に底をつくと算出していた。ハリー・ホワイトはハル・ノートの起草者とされ、日米開戦の鍵を握る重要人物である。他のアメリカの官僚たちも同程度か、もっと短い期間を予想していた。

石油に限らず鉄鋼などの戦略物資の生産は1年も持たず、食糧の輸入も途絶えているため、国民経済もすぐに破綻すると考えた。日本が戦争を仕掛けてきたとしても、日本は内部から崩壊し、日本の戦争遂行能力は数か月も持たないと思われていたのだ。

だが、その観測は甘かった。

日本は、昭和13（1938）年に国家総動員法を制定し、戦時には物資や人的資源を国が集中管理できる体制を作り、アメリカが石油禁輸などの経済制裁を始める前に、物資の統制を始めていた。

昭和14（1939）年10月には、国家総動員法にもとづいて価格等統制令が公布され、国内の物価を同年9月18日の水準に凍結した。闇市場などで一部、物価の高騰は見られたが、終戦まで物価高騰や物不足による混乱、暴動などはほとんど起きなかった。国民は内々で不満を持ちながらも、終戦まで国民経済は破綻しなかったのだ。つまりアメリカが予想していた「市場経済が崩壊する」前に、日本は「統制経済を構築」し、経済の混乱を防いでいたのである。

これは、実はアメリカの価値観から見れば異常なことだった。

アメリカの場合、物資が不足すれば物価が高騰し、市民は混乱し、暴動が起きたりする。とても統制経済に耐えうる国民性ではない。だから、日本人が物資不足に耐え忍び、戦争のために国力すべてを集中するというようなことが考えられなかったのだ。

日本の鉄、石油などの軍需物資は、軍に最優先で配分された。さらに開戦とともに、イギリス、アメリカが握っていた東南アジアの資源地帯を占領し、資源不足を補った。これにより長期の戦争継続が可能になったのだ。

アメリカの予想を覆し、日本は3年半もの間、アメリカとの戦争を継続させた。そして、アメリカに多大な人的被害をもたらしたのである。

もし、アメリカが開戦前に「日本にこれほど長期の戦争遂行能力があること」「アメリカがこれほどの被害を受けること」がわかっていたら、安易に戦争への道は選ばなかったはずだ。

●早々に壊滅したアメリカのアジア方面軍

アメリカは、太平洋戦争開戦当時、フィリピンにアメリカ陸軍、フィリピン軍合わせて約15万人の兵力を保持し、約２５０機の航空兵力も擁していた。そして同盟国であるイギリスは、シンガポールに約８万５０００人の陸上部隊を有し、当時世界最強とされた戦艦プリンス・オブ・ウェールズなどを派遣していた。

これらの兵力をもってすれば、日本のアジア侵攻は食い止められると考えていた。しかし、アメリカの思惑は開戦早々に潰えてしまった。

アメリカのフィリピン方面軍、イギリスのシンガポール方面軍が、１年も持たずに日本軍に屈してしまったのだ。

日本は開戦直後、台湾基地から発進した零戦の航空隊が、フィリピンのクラークフィールド、ニコルス等の主要空港を空爆し、アメリカ航空兵力をほぼ壊滅させ、この地域の制空権を奪った。そしてバタン島、ルソン島を順次制圧し、アメリカ軍をマニラ付近に孤立させた。

フィリピン・コレヒドール島で降伏するアメリカ軍兵士。フィリピンの戦いでアメリカ軍は５万人の死傷者、８万人の捕虜を出した。

開戦から3カ月目の昭和17（１９４２）年2月22日には、フィリピン・アメリカ軍の司令官マッカーサーは、司令部をオーストラリアに移すことを決定し、3月11日には彼は家族を引き連れ、大勢の兵士をフィリピンに残したままオーストラリアに移った。司令官を失ったアメリカ軍は戦意を喪失し、4月9日にはバターン半島のアメリカ軍主力が降伏、5月7日にはフィリピン全島のアメリカ軍が全面降伏した。

アメリカ軍が軍単位で降伏したのは、これが史上初めてのことである。

またバターン半島の戦いでは、アメリカ軍

多くの死者を出したとして国際世論から強い非難を浴びた「バターン死の行進」。犠牲者を出した原因のひとつに、多すぎた捕虜の数があった。

（フィリピン軍含む）は7万6000人が捕虜となった。アメリカ軍が一度の戦いでこれだけの捕虜を出すのも、史上初めてだった。

この捕虜たちは、悪名高い「バターン死の行進」を強いられることになった。

1万人もの死者を出したこの行進は、非人道的な行為として、戦中から現在まで非難の対象となっている。しかし、それは日本軍から見れば「捕虜の数が多すぎた」ということだった。

この方面に展開していた日本軍は、およそ3万。つまり、アメリカ軍が降伏したことで日本軍は自軍の倍の捕虜を抱えることになってしまった。戦争中で自軍の食糧を確保するだけでも大変なのに、自分たちの倍の捕虜の食糧を得るのは並大抵のことではない。

また捕虜の死亡者1万人というのは、実数ではないとされている。

アメリカ軍の主力はフィリピン人であり、フィリピン人捕虜は脱走を企てた者も多かった。捕虜の扱いに窮していた日本軍は、捕虜の脱走には目をつむっていたので、脱走は容易にできたのだ。だから、実際の死亡は1万人よりはかなり少なかったのではないか、とされている。アメリカ軍の記録でも、アメリカ軍自体の死者は2300人となっている。

日本軍の行為を全面的に擁護するつもりはないし、国際法に違反した部分については糾弾されるべきだと思われるが、アメリカ軍の捕虜が多すぎたというのが、この事件の要因の一つであることは間違いない。

●プリンス・オブ・ウェールズの撃沈

米英の対日本戦略の拠り所となっていたのが、イギリスの東洋艦隊であった。

イギリスの東洋艦隊には、不沈戦艦とされていたプリンス・オブ・ウェールズが派遣されていた。海軍力で世界に君臨してきたイギリスが、国の威信をかけてつくった戦艦である。

しかし、このプリンス・オブ・ウェールズは、開戦早々にあっけなく沈められてしまう。

太平洋戦争開戦直後の昭和16（1941）年12月10日、プリンス・オブ・ウェールズは、日本海軍の航空隊の空襲によって撃沈させられた。作戦行動中の戦艦が、航空機の行動によって沈められたのは、このときが初めてである。

プリンス・オブ・ウェールズは、当時、世界最強の戦艦とさえ言われていた。

イギリスが誇る〝不沈艦〟プリンス・オブ・ウェールズ（左）もマレー沖海戦での日本軍の攻撃により、太平洋戦争の開戦序盤に撃沈された。

１９４１年に就航したばかりの最新鋭の戦艦である。またアジアに回航される前にドイツ軍とも戦闘しているが、このときは互角以上の戦いをしている。

イギリスがアジア地域に、最新鋭の戦艦を派遣することは、稀なことだった。

当時、日本は東南アジアへの侵攻をちらつかせており、イギリスはそれを食い止めたかった。そのため、対ドイツ戦で苦戦するなか、あえてイギリス最強戦艦をアジアに派遣したのだった。

昭和16（１９４１）年12月10日、プリンス・オブ・ウェールズは、マレー沖に出撃した。日本軍のマレーシア上陸を阻止するためである。

プリンス・オブ・ウェールズはこのとき、護衛機を1機もつけていなかった。

これには、ふたつの理由が考えられる。

ひとつは、日本の航空隊がここまで攻撃できるはずはない、と考えていたこと。当時の爆撃機の航続距離では、日本軍が周囲の航空基地から攻撃するには距離が遠すぎる。

もう一つは、戦艦が航空機の攻撃だけで撃沈されるとは思っていなかったことだ。

これは、当時の海軍の常識からいえばごくまっとうなことだった。しかし、この〝常識〟は、日本軍によってあえなく破られた。

日本軍の爆撃機「一式陸攻」は、当時の常識を超える航続距離を持っていたのである。

チャーチル首相の回顧談では、第二次大戦でもっとも衝撃を受けた出来事としてこの「プリンス・オブ・ウェールズ」の撃沈を挙げている。このプリンス・オブ・ウェールズの撃沈によって、世界の海戦は戦艦の時代から航空機の時代になったとされている。

●イギリス軍が近代初の降伏「マレー半島の戦い」

またイギリスは陸上でも、歴史的な敗北を喫している。

太平洋戦争の緒戦、日本軍はマレー半島、香港などのイギリス軍を攻撃、瞬時に壊滅させてしまったのだ。

東南アジアでのイギリス軍の敗北は「イギリス軍は強力な軍を置いていなかったから負けた」というように言われることが多い。しかし、イギリスとしても、自国の領地をやすやすと奪い取られようとは思っていなかったはずで、防衛する腹積もりはあったのである。

事実、兵力自体、それほど手薄というものではなかった。

日本軍のマレー半島上陸時、この地域でのイギリス軍の兵力は14万人だった。日本軍は3万5000人だったので、4倍の兵力差があった。イギリス軍は現地軍やオーストラリア軍などとの寄り合い所帯だったが、それでもイギリス兵だけで3万8000人もいた。

つまり、イギリス軍は、イギリス兵よりも少ない日本軍に敗れたのである。

シンガポールには難攻不落といわれた要塞が築かれており、連合国の合同司令部も置かれていた。このシンガポールも、日本軍に包囲され、あっけなく降伏した。

シンガポールでは8万人、マレーでは5万人のイギリス軍（マレー軍を含む）兵士が投降した。約13万人も捕虜を出して降伏したことは、大英帝国の栄光の歴史の中で、初の屈辱だった。これは日本にとっても非常に大きなことだった。第二次世界大戦前までのイギリスというのは、7つの海を支配する世界最強の国だったのだ。

「あの大英帝国を討ち取った」

と日本人は狂喜したのである。またこのことは長い間、列強の侵攻に苦しめられてきたアジア諸国にとっても大きな希望となった。

日本軍の戦争は、列強のアジア支配を終焉させ、イギリスの権威を落とした要因の一つとなっていることは、間違いないのだ。

第三章

太平洋戦争は経済戦争だった

1 なぜ日本は戦争に強い国になれたのか？

【アジアで唯一、富国強兵を成し遂げた理由】

●戦前の日本経済は「超高度成長」

太平洋戦争を語る時、どうしても欠かせないのが日本の経済面である。

良い悪いは別として、アメリカ、イギリスなど、世界の大国を相手に、日本は3年半もの間、戦争を続けたのである。最後は国土を焼け野原にされてしまうほどのボロ負けとなったが、序盤はかなりの戦果を挙げていたし、アメリカ、イギリスなどもかなりの損害を被っているのである。

それは、日本が相当の経済力を持っていた証左でもある。

長い間、鎖国をし欧米の産業革命からは取り残されていたにもかかわらず、欧米列強の侵攻を受けず、短期間で欧米列強と肩を並べるほどになったのである。

そういう国は、アジアには他にはない。というより、当時の欧米以外の国で、これほど急成長したのは、日本だけである。

日本は、なぜそのような経済力を持つことができたのか？
あまり顧みられることはないが、戦前の日本経済は「超高度成長」だった。
小中学校の教科書には、戦前の日本は富国強兵を掲げて、戦争に強い国を作ったというような記述がされている。

しかし、よく考えてほしい。

富国強兵を掲げるだけで、戦争に強い国がつくれるわけはないのである。

富国強兵を実現するためには、相当な努力が必要だったのだ。そして、国民経済の発展も不可欠だったのである。

国民の経済が発展し、豊かにならなければ、戦争に強い国がつくれるわけはないし、日清戦争、日露戦争の戦費を賄うこともできなかったのである。

世界中のほとんどの国が、今でも「富国強兵」を国の政策の柱として掲げている。

幕末に起きた下関戦争で仏軍に占拠された長州藩の砲台。欧米列強の実力を目の当たりにしたことで、日本は富国強兵の早期実現を迫られた。

しかし多くの国は、それがなかなか成し遂げられないのである。

戦前の日本というのは、「富国強兵」という政策を掲げ、それを短期間で見事に成し遂げた。これは世界的に見ても非常に稀な国なのである。

明治維新から第二次大戦前までの70年間で、日本の実質GNPは約6倍に増加している。実質賃金は約3倍、実質鉱工業生産は約30倍、実質農業生産は約3倍になっている。

当時、このように急激な経済成長をしている国はなかった。

日本経済というと、戦後の経済成長ばかりが取り沙汰されるが、戦前も奇跡の成長をしていたのである。

戦前の経済成長率は、次の通りである。

1908〜1917　3・09％
1918〜1927　1・50％
1923〜1932　2・35％

これは戦後の高度経済成長期に比べれば低いが、当事の国際水準から見れば相当に高い。

日本は、戦後、経済大国になったと言われるが、実は、戦前の日本も経済的に急成長していたのである。というより、戦後の高度成長は、明治から続いてきた経済成長の延長線上のものだといえるのだ。

●戦前の日本は規制緩和によって急成長した

戦前の日本の急激な経済成長の最大の要因は、「規制緩和」である。

明治22（1889）年の大日本帝国憲法の公布を描いた錦絵。明治政府は旧来の幕藩体制を廃し、急速に中央集権体制を進めていった。

江戸時代までの日本は、全国300に分かれた藩が各自に統治を行い、領民の行き来や経済の自由はなかった。身分や職業も固定された、ガチガチの規制社会だったのである。

明治新政府は「封建制度的な規制」を矢継ぎ早に撤廃した。

明治10年頃には、封建的な規制はほとんどなくなっていたといっていい。「封建」から「近代」への改革をたった10年足らずでやり遂げたのである。これは世界史的に見ても、あまり例がない。

近代以前の世界の国々は、だいたいどこも強固

明治新政府は特権階級だった武士の身分も廃止。その結果、軍事や政治、教育などの門戸が開かれ、才能ある人材が活躍できる土壌ができた。

な身分制度があり、各産業、各職業に様々な規制がかかっていた。欧米の国々も、それらの規制を時間をかけて廃止していき、段階的に封建国家から近代国家に生まれ変わっていったのである。

しかし、明治日本の場合は、短期間であっという間に規制緩和をしてしまった。しかも、その規制緩和のほとんどがあまり大きな障害もなく、スムーズに社会に受け入れられた。その手際の良さは、後世の目から見ても「見事」の一言につきる。

明治維新というのは、政権担当者が幕府から明治政府に代わっただけであり、主権は国民にはなく、国民は自由を獲得したわけではないという言われ方をすることもある。しかし、それは「法律上、主権は国民にはなかった」というごく表面的な事象を捉えているだけに過ぎない。

実生活の上では明治維新で国民生活は大きく変わったし、国民は江戸時代に比べれば桁外れの自由を手にした。

明治新政府の採った代表的な自由化政策は、次の4つである。

・職業選択の自由
・交通の自由
・居住の自由
・土地売買の自由

これらは今ではごく当たり前のことなので、大したこととは思われないかもしれない。しかし、当時の社会から見れば大変な改革だったのである。

江戸時代までの日本は、職業選択の自由や交通、居住の自由も土地売買の自由もなかった。

原則として、生まれた土地を一生離れることができず、生家の生業を継がなければならない。農民に生まれたならば、その土地で一生、農民として暮らさなければならない。農作物も、上から決められたものしか作る事はできなかった。封建制度というのは、そういう社会である。封建社会を維持していくためには、それが必要だったのである。

もし、農民に職業の自由や居住の自由を許してしまえば、田畑を捨ててどこかに行ってしまうかもしれない。そうなると年貢収入を得ることができず、幕府や藩はたちまち窮してしまう。幕府や藩を維持していくためには、領民を土地に縛り付け、職業も限定するしかなかったのである。そういう〝規制〟を250年以上も続けていたので、幕府や藩は存続しえたのである。

しかし明治新政府は、その規制をことごとく撤廃してしまった。

明治新政府としても、発足当初は江戸幕府の財政を引き継いでおり、財源の柱は年貢収入だった。だから規制撤廃をすれば、年貢収入が激減する恐れもあった。

しかし、明治新政府は規制緩和を断行し、結果的に奇跡的な経済成長に結びつけたのだ。

2

【エジソンから7年後に電気事業を開始】

成長の秘訣は素早いインフラ整備にある

●鉄道、電信、教育制度を素早く整備する

戦前の日本の急激な経済成長の背景には、素早いインフラ整備がある。

たとえば明治新政府は、維新からわずか5年後の明治5（1872）年に、新橋と横浜間に鉄道を走らせている。

実は欧米以外の国が自力で鉄道を建設したのは、これが初めてのことなのだ。

当時、すでに中国やオスマン・トルコでは鉄道が敷設されていたが、それは外国の企業がつくったものである。外国の企業に鉄道の敷設権や、土地の租借権を与え、その企業の資本で建設されたのである。しかし日本の場合は、鉄道敷設の技術は外国から導入したものだが、建設の主体は日本であり、運営も日本が行っている。

電気も素早く導入された。

明治16（1883）年に「東京電燈」という会社が作られ、明治20（1887）年になっ

明治初期の鉄道。1880年になると九州や北海道など全国各地で鉄道敷設が進められ、1889年には東海道線（新橋～神戸）が全通している。

て電気の供給が開始されたのである。

アメリカでエジソンが電気事業を始めたのが1881年のことなので、そのわずか7年後に日本は同様のことをしているのだ。電気事業開始の初年度の契約者はわずかに134者だった。しかし、5年後には、1万4000者以上になっていた。また明治21年以降、神戸、大阪、京都、名古屋などにも相次いで、電力会社が作られた。

電信電話の整備も早かった。

明治維新から1年後の明治2（1869）年8月には、早くも横浜灯明台～神奈川県裁判所間に電信線を実験架設し、この年の12月には東京～横浜間の電信線を開通させている。

明治5（1872）年には東京～神戸、翌明治7（1874）年には東京～北海道間の電信線が開通。明治10年ごろまでには、全国主要都市に電信線網が行きわたった。

そして、電信の分野では、大日本帝国は世界でもトップレベルになっていく。
昭和10年の段階で、電報数、電話通話数ではアメリカに次いで世界第2位だったのだ。
それだけ電信電話が普及し、市民生活に溶け込んでいたということである。

明治30（1897）年には浅草火力発電所が完成。当時、世界でも随一の発電量を誇った初の国産発電機（製造：石川島造船所）が設置された。

●世界トップレベルにあった教育制度

戦前の日本は、インフラ整備とともに「教育制度」も迅速に整えた。

明治5（1872）年には、早くも政府は義務教育の基礎となる「学制」を施行し、日本全国に学校を作り、学費を無償化した。

そして明治8（1875）年には、日本全国で2万4303校の小学校を建設している。現在の小学校数が2万6000なので、明治維新からわずか8年で現在の小学校制度に匹敵するものをつくったといえる。これにより、日本全国の大半の子供が、学校に通えるようになった

明治５年に描かれた開業当初の富岡製糸場（一曜斎国輝「上州富岡製糸場之図」）。フランスの技術を導入した器械製糸工場で、当時、世界でも随一の規模があった。

のである。

就学率は急激に向上し、明治38年には95・6％に達している。この就学率は、当時のアジア諸国の中では群を抜いており、西欧諸国の中でも高い部類だった。

また外貨獲得と工業技術の発展のため、官営の富岡製糸場、工部省の勧工寮葵町製糸場などがつくられた。パイロット的に官営の工場をつくり、実際にその技術を民間に見せて学ばせようということである。

この当時につくられた官営工場は、採算的には合わないものがほとんどだったが、民間に世界先端の技術を植え付けるという意味では、非常に有益なものだった。

たとえば富岡製糸場は、地方から伝習生がのべ３４００名も派遣された。もちろん、これは全国の製糸技術の向上に役立った。

このように、明治新政府は、外国からの経済侵略を巧みに排除しながら、外国の新しい技術をうまく取り込み、殖産興業を進めていったのだ。

これらの環境整備のおかげで、戦前の日本は欧米諸国に肩を並べるくらいの経済大国になっていたのである。

3

【綿製品、自転車、玩具で大きなシェアを獲得】

世界市場を席巻したメイド・イン・ジャパン

●輸出大国だった戦前の日本

戦前の日本は輸出大国でもあった。

幕末の開国以来、絹の原料である生糸は日本の輸出の主力だった。

実は、日本は幕末維新期の段階で、すでに生糸の生産においては、世界最高水準にあった。江戸時代、日本の各藩は、養蚕を奨励し、その技術は著しく向上した。江戸時代の末期には、暖房によって養蚕の日数を短縮するという技術も開発されていた。

日本が開国した安政6（1859）年6月2日のわずか1ヶ月後には、運上所《うんじょうしょ》（現在の税関にあたる）が、生糸の輸出を制限している記録がある。開国した直後に生糸の輸出があまりに急激に増えたために、幕府が国内の生糸不足を懸念したのである。

また養蚕の技術書なども数多く出版されている。元禄15（1702）年、我が国最初の養蚕の技術書『蚕飼養法記《こがいようほうき》』が記され、江戸時代を通じて100冊の養蚕の技術書が出版

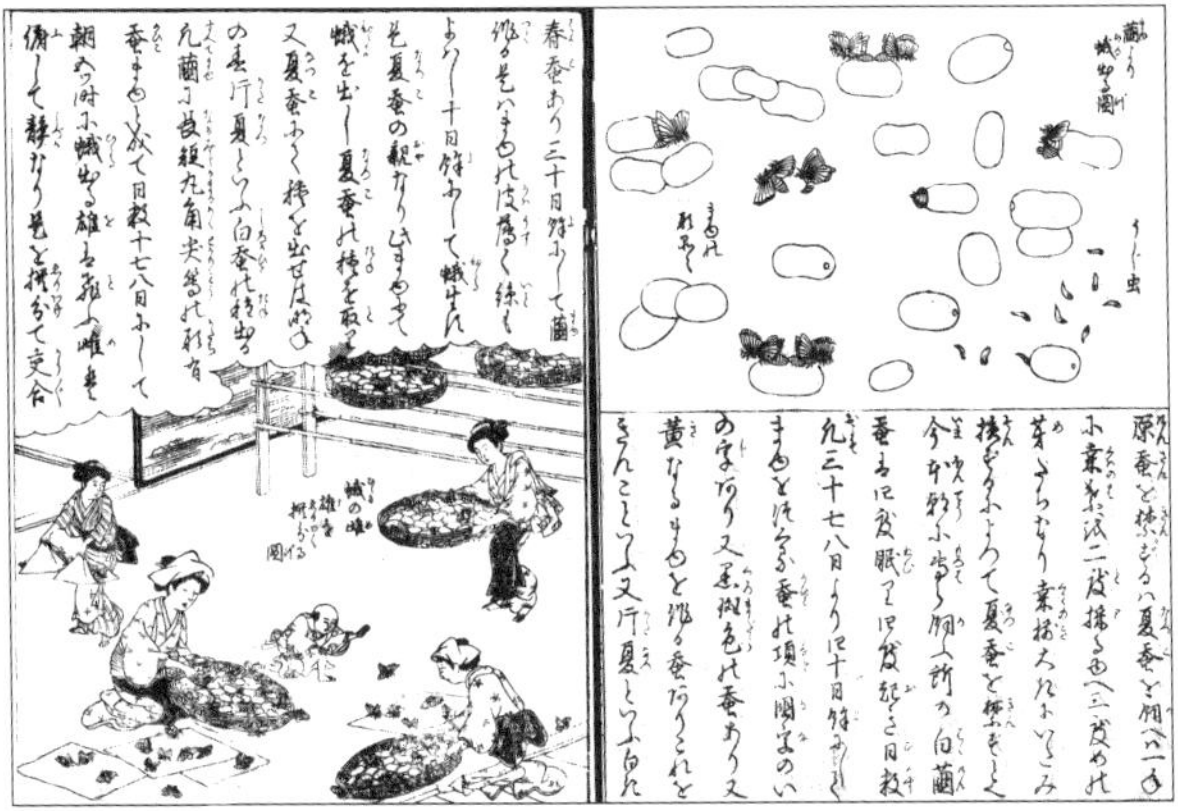

江戸時代の高い養蚕技術を伝える上垣守国の『養蚕秘録』

されている。その中には、1000部以上も刷られた本もあるという。当時の出版技術を考えるなら、これは驚異的だといえる。日本人のマニュアル好きは、江戸時代からあったのである。

江戸時代に出版された養蚕の技術書の中に『養《よう》蚕《さん》秘《ひ》録《ろく》』というものがある。これをシーボルトが日本から持ち帰り、1848年にはフランス語に翻訳されて出版されている。日本の養蚕技術がそれだけ高かったということである。

西洋では、産業革命により機械による製糸技術が発明されたが、日本ではその西洋技術が入ってくる以前に、すでに簡単な機械を使って製糸を行っていたのである。

この生糸のおかげで、明治日本は近代国家

明治 30 年頃の大阪紡績株式会社の本社

建設資金を稼ぐことができたのだ。

●綿製品で外貨を稼ぐ

しかし、日本は近代化とともに「生糸」などの原料だけではなく、工業製品も輸出するようになった。

その代表的なものが綿製品である。

そのうち日本の産業界は、生糸を売るよりも絹や綿を製造して売った方が、儲けが大きいことに気づき、次第に紡績業が発展していくのだ。

日本の紡績会社の先駆となった大阪紡績は、渋沢栄一らの呼びかけで作られた。

大阪紡績は、株式によって莫大な資金を集め、世界でも最大級の紡績機を導入した大規模な工場を建設し、電力を利用して24時間操業をはじめた。まだ出回り始めたばかりの電灯を大々的に導入したのだ。

大阪紡績は大成功を収め、それに倣って次々と同様の企業が作られていった。

また日本は紡績業において、機械面でも世界の最先端を行っていた。
トヨタの創業者である豊田佐吉がつくった自動織機は、作業効率を飛躍的に上昇させた。自動織機というのは、材料の糸が切れた時に自動的に補充する機能がついた織機のことである。すでにイギリスなどでも作られていたが、操作が複雑な上に故障が多く、あまり実用的ではなかった。しかし、豊田佐吉の作った自動織機は操作が簡単で故障が少なく、作業能率を飛躍的に高めた。世界的にも高く評価され、イギリスの自動織機メーカーであるプラット社が、特許権を購入したほどである。

豊田の自動織機は、日本のみならず中国やインドにも輸出された。メイドインジャパンの機械輸出の走りといえるだろう。

明治期に日本有数の紡績会社だった京都綿ネルの工場。無数の自動織機が並んでいる（『京都綿ネル株式会社創業十周年紀念写真帳』より）

●自転車、玩具でも世界市場を席巻

戦前の日本の輸出産業は、綿製品以外でも次

戦前の日本の大きな輸出品だった、自転車。国内での製造が盛んになると軍隊にも供給された。（大日本体育会編『自転車訓練読本』旺文社より）

第に世界市場でシェアを伸ばしていった。

その中で重要な輸出品となったのが、自転車である。

日本の自転車産業は、昭和12（1937）年に、機械系輸出品目のトップに立った。

当時、日本は自転車を1台25円前後で輸出していた。自転車もイギリスが高いシェアを持っていたが、日本製自転車はイギリス製自転車の半額程度の値段だったため、またたく間に世界でシェアを伸ばしていった。

日本で自転車が盛んに作られるようになったのは、やはり明治維新の影響だった。

江戸時代、各藩にはお抱えの鉄砲鍛冶がいたが、維新後に西洋から新技術がもたらされるとその大部分が失業してしまった。そこで、職にあぶれた鉄砲鍛冶らが目を付けたのが、同じく鉄でできた自転車だったのである。

自転車の生産台数は、大正12年に7万台だったのが、昭和3年には12万台、昭和8年に

明治38年の八幡製鉄所。国内最大規模の巨大製鉄所で、第二次世界大戦まで国内生産量の半数近くを担った（製鉄所購買部『製鉄所写真帖』より）

は66万台になり、昭和11年にはついに100万台を突破。それ以降、戦争が激化するまで100万台前後が生産され、日本の主力商品として海外に売られていった。

子供向けの玩具も有力な輸出品だった。

玩具の輸出は幕末に横浜を訪れたヨーロッパの商人が、縁日などで民芸品や小物を買い集めて輸出したことから始まったとされる。

当初、輸出されたのは千代紙や竹とんぼ、木船、凧、天狗のお面といったものが中心だったが、国内で玩具の輸出が推奨されると、次第に手の込んだものも作られるようになる。玩具業者は外国製の玩具を研究し、セルロイドや金属を使ったものや、電気じかけの模型、おもちゃの鉄砲、戦艦の模型などを売り出し、第一次大戦を機に大躍進を遂げた。玩具の輸出は、世界大恐慌の頃に一時期不調に陥ったものの、昭和に入って持ち直し、昭和8年には輸出額が2600万円に達している。

また、製鉄も日本にとって貴重な輸出品になろうとしていた。

日本の製鉄業は昭和初期には国内消費分をほぼ自給できるまでに成長しており、次第に海外に向けて輸出するようになっていた。昭和8（1933）年には、オランダのフローニンゲン市の水道管に使う鉄を日本が引き受け、世界を驚かせている。

その他にも、戦前の日本には、マッチや洋傘、ブラシなど、世界的なシェアを獲得していた輸出品は多かった。

戦前の日本は国の産業が工業化する途上にあったが、それでも多くの輸出品を世界に送り出していた。戦後、工業立国として花開いた日本だったが、その下地はすでに戦前の頃から作られていたのである。

4

【列強が主導した露骨な日本製品締め出し政策】

ブロック経済は「日本排除」が目的だった

●「ブロック経済」は日本製品を締め出すために始まった

このように急成長をしてきた日本経済だが、日本が経済大国になっていくと他の経済大国との軋轢《あつれき》が生じるようになる。その軋轢がやがて経済戦争というような状況に発展し、さらには本当の戦争につながっていくのだ。それが太平洋戦争であり、第二次世界大戦だったのである。

その過程を見てみよう。

よく知られているように日本の工業製品輸出は、第一次大戦中に急成長した。ヨーロッパ各国が消耗戦を繰り広げたために、彼らの輸出力が減退し、逆に彼らは多くの輸入を必要とするようになった。そのため、ヨーロッパ各国のシェアを奪う形で、日本が輸出を増大させたのである。

そして、太平洋戦争の前には、日本の輸出増大をヨーロッパ各国が嫌い、貿易戦争とい

世界大恐慌で倒産したニューヨークの銀行の前に集まる群衆（1931 年）

えるような事態まで生じていたのだ。

そのきっかけとなったのが、昭和４（１９２９）年から始まった「世界大恐慌」である。

この未曾有の大恐慌により、日本経済も大きな打撃を受けた。昭和４年から昭和６年の間、日本の輸出は半減してしまった。

しかし、日本の経済回復は、他の先進諸国よりもかなり早く、昭和７（１９３２）年には恐慌前の水準に戻った。

これは円の為替安を背景に、輸出振興策を取ったことが大きい。

世界大恐慌後、日本は急激な円安状態になっていたが、政府はこれを放任していた。そのため、円の価値は、１９２９年には１００円当たり約49ドルだったのが、１９３３年には25・23ドルに低下していた。

日英の綿製品の輸出状況		
	イギリス	日本
昭和７年（1932年）	**2197**（インド 599、中国 125）	2032（インド 645、中国 210）
昭和11年（1936年）	1917（インド 416、中国 8）	**2708**（インド 482、中国 119）

昭和７年にイギリスに輸出量で肉薄した日本の綿製品は、すぐに追い抜きさらに差を広げた。

円のドルに対する価値は、たった3年で半値になったわけである。現代（アベノミクス以降）の円安よりも、さらに急激な円安状態になっていたのだ。

その円安を背景に、日本は集中豪雨のように輸出を行った。結果、日本は、インドや東南アジア、オーストラリアなどの欧米植民地国に対して、急激に輸出を伸ばしたのだ。

当時の日本の輸出の主力となったのが、綿製品だった。

このころは長らく日本の主力商品だった生糸や絹に陰りが見え始め、日本の繊維産業は本格的に綿製品にシフトしていたのだ。

綿製品というのは、イギリスの代表的な輸出品でもあった。

イギリスは産業革命によって、綿工業の動力化に成功し、その経済力によって世界の覇者になったのだ。そして、イギリスは、長らく世界の綿製品シェアの断トツ1位を誇っていた。

しかし、世界大恐慌以降、日本の綿製品輸出が急拡大した。日本の綿製品シェアは、世界大恐慌前の昭和３（１９２８）年にはイギリス製品の37％だったが、昭和７（１９３２）年には92％となり、昭和8（1933）年にはついに追い抜いた。

イギリスとしては、当然、面白くない。

そのため、イギリスは、植民地だったインド、オーストラリアなどで輸入規制を始める。それがエスカレートしたものが「ブロック経済」なのである。

つまり、世に言われている「ブロック経済」というのは、イギリスが日本製品を締め出すために始まったものなのだ。

そして、イギリスだけではなく、アメリカ、フランスなどの先進各国も、自国の製品を守るために高い関税を課すなどし、世界中がブロック経済化してしまったのである。

●貿易依存だった大日本帝国

植民地を持たないドイツ、植民地が少ない日本などは、この先進各国のブロック経済化で大きな打撃を受けた。

そして、ドイツも日本も自国の経済領域拡大に乗り出す。それが、第二次世界大戦の大きな要因の一つなのである。

戦前の日本は、まだ工業は発展途上で、輸出など今より全然少ないようなイメージがある。

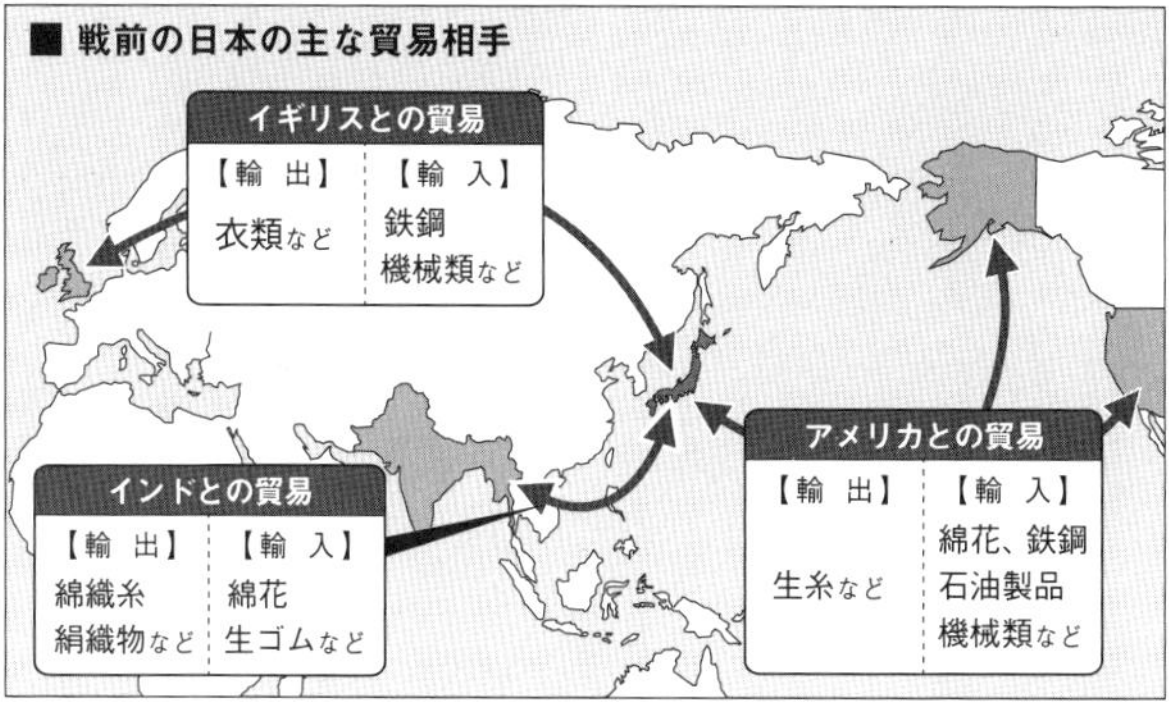

当時の日本の主な輸出入の相手国。太平洋戦争で戦うことになる連合国の国々が多かったことがわかる。この他、中国や満州とも戦前の日本は盛んに貿易していた。

しかし、それはまったく違う。

戦前の日本も、今の日本と同じように大々的に輸出をしており、国家経済は今の日本以上に「貿易立国」だったのである。

1930年代の日本の貿易依存度（GNPに占める輸出入の割合）は34・3％である。現在日本の貿易依存度は30％前後である。つまり、戦前の日本は、現代日本と同じかそれ以上に貿易に依存した国だったのだ。

そのため、イギリス、アメリカなどが「ブロック経済化」していくと、日本経済が受けるダメージは大きかった。

当時は、一部の欧米諸国が世界全体に植民地を持っていた。

そのため、欧米諸国がブロック経済化すると、事実上、世界中で日本製品が締め出されることになる。そして、日本は輸出ができなくなると、エネルギー資源や原料の輸入もできなくなる。

日本が満州国を建国し、中国での戦線を拡大していった背景には、そういう経済事情があるのだ。

5
【世界大恐慌で潰されたドイツ復興の機会】
第二次大戦の原因は米国の金の独占にある

●ドイツをいじめ抜いた欧米

ここで目をヨーロッパに転じてみたい。

太平洋戦争は、アジア、太平洋地域で行われた戦争である。が、第二次世界大戦では、ヨーロッパ地域でも激しい戦争が繰り広げられていた。太平洋戦争というのは、ヨーロッパ戦線と連動しているものである。日本はヨーロッパでの戦況を受けて、アメリカ、イギリスとの戦争を決断したのだ。

ヨーロッパでは、なぜ戦争が起きたのか？

その最大の要因は、ドイツの経済状況にあった。

当時の国際関係を語る上で、ドイツの事情は欠かせない。ここで、当時のドイツの国情について追究してみたい。

第二次世界大戦の要因の一つとして、１９２９年の世界大恐慌が挙げられる。

第一次世界大戦後の1919年、パリ講和会議でドイツの戦後賠償について話し合う参加者。ドイツはきわめて厳しい賠償を突きつけられた。

この世界大恐慌のために、世界中の国々が大きな打撃を受け、貿易は急激に縮小した。アメリカ、イギリス、フランスなどは自国の植民地経済圏だけで貿易をする「ブロック経済化」を進め、大きな植民地を持たない国々は、たちまち疲弊していった。

それが世界各地で紛争、戦争が起きる契機となったのである。

この世界大恐慌は、単に「アメリカの株式市場のバブル崩壊」として片づけられることが多い。

しかし、この世界大恐慌というのは、決して偶発的なものではなく、当時の世界経済が抱えていた矛盾が一気に噴き出したものだといえるのだ。

世界経済の矛盾の第一は、ドイツ経済の崩壊である。

ご存知のように第一次世界大戦で、ドイツは敗北してしまう。そして講和条約としてヴェルサイユ条約が締結される。このヴェルサイユ条約は、ドイツにとって過酷なものだった。

植民地はすべて取り上げられ、人口の10％を失い、領土の13・5％、農耕地の15％、鉄鉱石の鉱床の75％を失った。この結果、ドイツ鉄鋼生産量は戦前の37・5％にまで落ち込んだ。

賠償金は、およそ330億ドル。ドイツの税収の十数年分というめちゃくちゃなものだった。

ハイパーインフレ下のドイツで札束を積み上げて遊ぶ子どもたち。ドイツ・マルクは一時、紙くず同然になった。

ドイツは、この賠償金のために、1922年にはハイパーインフレが起きるなどの経済的に瀕死の状況に陥った。

イギリスの経済学者ケインズなども、「ドイツがこれほどの賠償金を払うということは、桁外れの工業製品輸出をしないと不可能であり、万が一もしドイツがそれを可能にしたならば、そのときはイギリスの工業製品が壊滅しているだろう」というようなことを言い、賠償金の減額を提言した。しかし、英仏はそれを受け入れなかった。

その後、賠償条件の緩和などの影響で、一旦、ドイツは復興の足掛かりを掴む。だが、それも1929年の世界大恐慌により、すべてが破綻してしまった。

●アメリカの無責任さ

第一次大戦後、ドイツが苦しんでいる一方で、アメリカはわが世の春を謳歌していた。

アメリカの経済は、第一次世界大戦で大きく成長した。

本土は戦争による被害をまったく受けなかった上に、連合国に莫大な軍需物資を売りつけ、世界一の債権国になった。アメリカが世界の大国になったのは、このときからだといっていい。

しかも当時のアメリカは、国際貿易においての大きな義務を果たしていなかった。

その義務とは、「貿易の勝ち逃げをしてはならない」という義務である。

もしこの義務を怠れば、世界経済は回っていかないのだ。

アメリカは当時の国際金融のルールを無視して、ひたすら自国に富を貯め込んだのである。

当時のアメリカには、大量の金が入ってきた。

金本位制のもとでは、金が流入すればそれだけ通貨量を増やさなければならない。

金本位制というのは、おおよそ次のようなシステムで、各国の通貨の安定が図られるようになっている。

・貿易黒字により、その国の金の保有量が増える
↓
・その国の通貨量が増える
↓
・その国はインフレとなり輸出品も割高になる
↓
・国際競争力が落ち貿易黒字が減る

金本位制をとる国々は、この手順をとることで、お互いの通貨を安定させてきたのである。

しかし、アメリカはこのルールを破ったのだ。

アメリカは自国内でインフレが起きることを懸念し、金が流入しているにもかかわらず、通貨量を増やさなかったのだ。1922年8月以降、流入した金は、連邦準備銀行の金準備に含めないようにしたのだ。

そうするとどうなるか？

アメリカは金が大量に入ってくるにもかかわらず、アメリカの国際競争力は落ちない。アメリカの貿易黒字は、ますます増え、金がますます流入してくる。

1923年の末には、世界の金の4割をアメリカが保有していたのである。その後、第二次大戦終了まで、アメリカの金保有量は増え続け、最終的に世界の金の7割以上を保有するに至る。

1930年代初頭のニューヨーク。ひときわ高いクライスラービルもアメリカが好景気にわいた1920年代に建設が始まった。

●金保有の偏りが世界経済を破綻させた

アメリカばかりに金が集まると、世界各国で金が不足する。

金本位制のもとでは金が少なくなると、その分、通貨を減らさなくてはならない。そのため、金の減少が続くと、通貨の流通に支障をきたすようになる。そうなると、デフレ状態になり産業が沈滞してしまう。

また、金が不足している国は、他国から物を買えなくなるために、貿易も収縮する。

つまり、アメリカが「世界貿易の通貨」である金を貯め込んでしまったことが、世界を恐慌に陥れる強い「負のエネルギー」となったのである。

なぜアメリカは世界の迷惑を顧みず、これほど金を貯め込んだのか？

それには大きく二つの理由がある。

当時の国際経済の常識として、どこか一国が貿易黒字を貯め込むことが、悪いことだという認識はなかったのである。現在も、そういう考えを持っている経済学者、政治家も多い。だから、アメリカは貿易黒字が膨らみ、金を貯め込んでも、それを積極的に吐き出そうとか、他国の金不足を支援しようという試みはほとんど行われなかったのである。

そしてそもそも、アメリカというのは、貿易をそれほど必要としない国だった。

資源も多く、広い農地もある。工業化も進んでいる。１９２９年におけるアメリカのＧＮＰに対する貿易の割合というのは、輸出が５％、輸入が３・４％に過ぎなかった。

つまり、当時の世界貿易の中では、世界各国はアメリカの産品を必要としているけれど、アメリカは、他国から買わなければならないものは特になかったのだ。だから、アメリカ

1920年頃、税務署で税金の支払い手続きをするアメリカ国民。この時期のアメリカは「狂乱の時代」と呼ばれるバブル状態にあった。

には、金が貯まる一方となってしまった。

1920年代のアメリカは、バブル状態になっていたが、それはアメリカに金が集まり過ぎたことも大きな要因なのである。

しかし、アメリカの金貯め込み政策は、結局、アメリカ自身の首をも締めることになった。アメリカのバブルが崩壊し、世界大恐慌が起きてしまうからである。

そして世界経済は収縮し、アメリカ、イギリスなどはブロック経済に走り、日本、ドイツは経済圏拡張に乗り出すのだ。

6

【世界大恐慌からの景気回復策で支持を得たナチス】米英仏の経済政策がヒトラーを生み出した

●なぜナチスが台頭したのか？

日本と並び、第二次世界大戦の悪役として語られることの多い、ナチス・ドイツ。実は、そのナチスはアメリカやイギリス、フランスが生んだものと言うことができる。前の項目では、アメリカが金を過剰に保有したことで世界大恐慌が引き起こされたものであったことを述べた。ナチスは、その世界大恐慌から生まれたものだからだ。

アメリカから始まった世界大恐慌で、ドイツは苦境にあえぐことになった。だが、ドイツ政府は、なんら有効な政策を講じることはできなかった。

1930年に就任したワイマール共和政ドイツの最後の首相ハインリヒ・ブリューニングは、ただちに財政支出削減、増税を行おうとした。政府の財政赤字が深刻化していたため、それをまず第一の問題としたのである。

そしてブリューニング政権は6月には、失業保険の支給打ち切り、公務員給料の引き下

1923年のミュンヘン一揆に参加するナチスの突撃隊。クーデターは失敗に終わり、ヒトラーは投獄された。

げ、増税を検討した。

不況のときに、財政を緊縮させれば、もっと不況になる。ドイツの経済はさらに悪化し、失業者が650万人にも上った。

この政策は、ドイツ国民の猛反発を食ってしまう。代わって登場してきたのが、ヒトラーなのである。

ヒトラー率いるナチスは、再軍備、ヴェルサイユ条約の破棄など、強硬な政治目標を掲げていた。結党当初はその過激さから、財界や保守派から敬遠されたが、ドイツ経済悪化とともに中産階級以下から圧倒的な支持を集めるようになる。

誤解されがちであるが、ヒトラーは武力革命などで政権をとったわけではない。

ナチスはその草創期には、ミュンヘン一揆など、武力闘争をしたこともあるが、ヒトラー政権の誕生は、選挙と法律による手続きによるものなのである。

ヒトラーの執筆した『わが闘争』が大ベストセラーになり、順調に党勢の拡大をしていたナチスは、1930年の選挙では国会で第二党になった。

その勢いをかって1932年5月13日に行われたドイツの大統領選挙ではヒトラーが出馬する。第一次大戦の英雄ヒンデンブルグの圧勝かと思われたこの選挙だったが、ふたを開けてみるとヒトラー、ナチスの異常な躍進を示す結果となった。

ヒンデンブルグ1865万票に対して、ヒトラーは1130万票も獲得し堂々の2位となったのだ。ヒンデンブルグは過半数を得られず、3週間後に決選投票が行われた。ここでも、ヒトラーは1340万票を獲得し、国民の多くがナチスを支持していることが判明したのである。

1932年当時、ナチスの党員は80万人程度しかいなかった。しかし、大統領選挙ではナチス1350万票を集めたのである。なので、ナチス

1933年1月30日、ヒトラーは首相に就任し、ナチス政権が誕生する。夜には突撃隊がブランデンブルク門で大行進を行った。

首相に就任したヒトラーは、同年に全権委任法を成立させると、さらにナチス以外の政党を禁止。ドイツの権力を完全に手中に収めた。

党員だけがヒトラーの支持に回ったということではない。つまりは、ナチスは国民から待望された政党だったのだ。

その年の7月に行われた総選挙では、ナチスの議席は倍増し230議席を獲得。ついに第一党となった。そして1933年、ナチスはついに政権の座についたのだ。

●ヒトラーは雇用対策で国民の心を掴んだ

ヒトラーが政権を握った1933年1月は、世界大恐慌による大不況のさなかだった。

ヒトラーは政権に就くや否や、労働者の保護政策、アウトバーンの建設などを行い、失業者を急激に減らした。

最大600万人いた失業者は、ナチス政権の3年目には100万人程度にまで減少させ、世界恐慌以前の1928年の状態にまでドイツ経済を回復させた。そして、1936年の実質国民総生産は、ナチス政権以前の最高だった1928年を15％も上回っている。

これは世界恐慌で大きな被害を受けた国のなかでは日本とともにもっとも早い回復だった。アメリカが世界恐慌のダメージから完全に立ち直れたのは1941年のことである。

たとえば、世界恐慌から10年後の1938年の各国の失業者数は次のようになっている。

「1938年の失業者数」
イギリス…135万人（最大時300万人）
アメリカ…783万人（最大時1200万人）
ドイツ…29万人（最大時600万人）
日本…27万人（最大時300万人）

また世界恐慌以来、世界の列強たちは貿易を閉ざし、自国と自国が支配する植民地のみで交易をする「ブロック経済化」が進んだ。アメリカのドル・ブロック、イギリスのスターリング・ブロック、日本も満州に進出し、円ブロックを形成しようとしていた。

しかし当時のドイツは植民地を持っていなかったし、領土侵攻もしていない。ヒトラーは、国内政策だけで素早く景気を回復させたのだ。

その経済手腕はかなりのものだと言わざるをえない。この失業対策の成功により、ヒトラーは国民から熱狂的に支持されるようになったのである。

そして、ヒトラーは、悲願だった「ヴェルサイユ条約の破棄」に乗り出す。

それは「賠償金の反古」であり、「旧領土の回復」だった。

●ナチスの侵攻は「旧領土の回復」が目的だった

ヒトラーは、1930年代の後半になると、周辺国にジリジリと侵攻を始めた。

1938年3月には、ナチス・ドイツはオーストリアを併合し、同年9月にはチェコスロバキアのズデーテン地方を併合した。そして、1939年にポーランドに侵攻したのを機に、イギリスとフランスがドイツに宣戦布告をし、第二次世界大戦が勃発した。

こうしてみると、ナチス・ドイツが傍若無人に他国を侵攻し、それに怒った英仏がドイツに戦いを挑んだように映る。

が、ナチス・ドイツの侵攻を詳細に見れば、決してそんな単純な図式ではないことがわかる。

なぜならナチスの侵攻は、そのほとんどが第一次大戦前の旧領土の回復を目的としたものだったからである。

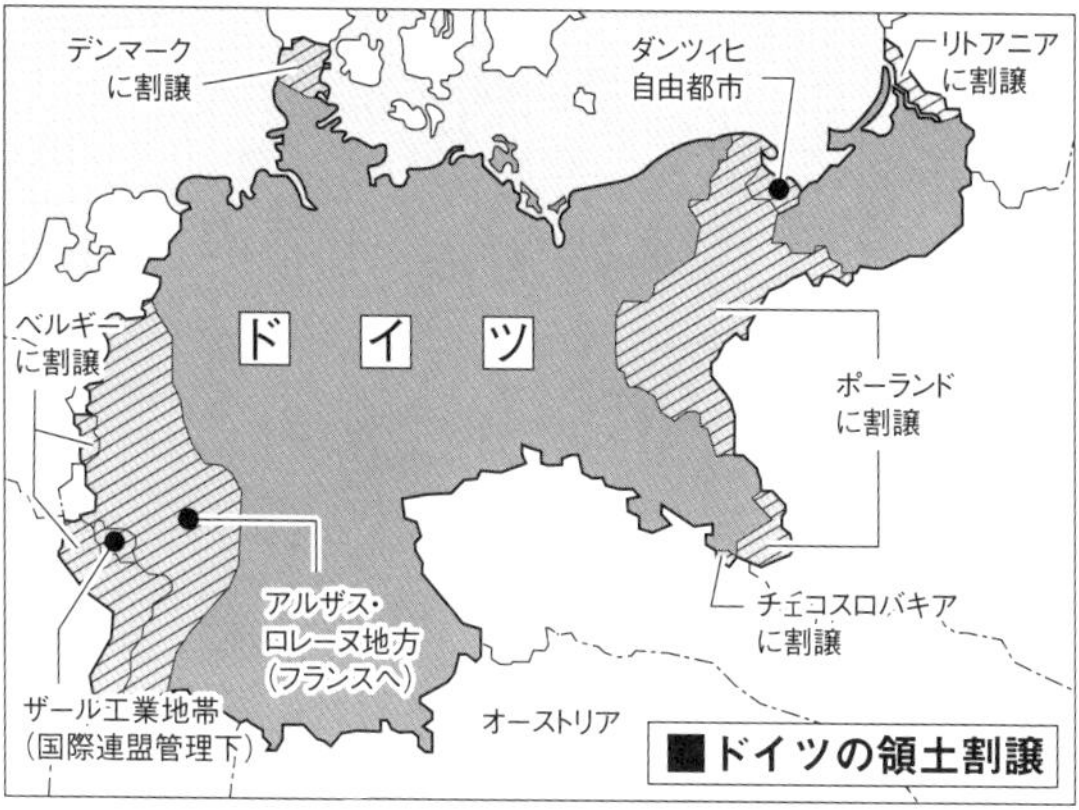

第一次世界大戦後にドイツが各国の割譲を受けた地域

前述したようにドイツはヴェルサイユ条約によって、国土の13・5%を割譲させられていた。その国土を回復することは、ドイツ国民にとって悲願でもあった。

また、それらの地域には、ドイツ系住民が多く住んでいた。

ヒトラーはそれらの地域がどこの国に所属すべきかは「住民の意思を尊重すべき」と、国際的に主張したのである。つまり、それらの地域の住民がドイツへの帰属を求めるのであれば、それらの地域はドイツに返還させるべきである、ということだ。

当時、国際連盟では、「政府はその住民により決められる」という「民族自決」の方針を打ち出していた。その民族自決の方針に従い、ドイツに合併したがっている地域は、住民の意思を尊重してドイツに合併すべきだ

オーストリア併合時に、ドイツ系住民から大歓迎を受けるヒトラー

と、ヒトラーは主張したのだ。

オーストリアの併合もそうである。当時のオーストリアは、実は連合国の思惑で作られた「人工国家」だったのである。英仏を中心とする連合諸国は、第一次大戦で敗北したオーストリア＝ハンガリー帝国を解体し、ドイツ人の多く住む地域をオーストリアという国家にしてしまった。

ドイツ人が多く住むのだから、オーストリア人としては、ドイツと合併したい、という気持ちもある。しかし、ヴェルサイユ条約では両国の合併は禁じられていた。両国民が望んだとしても、である。

なぜなら両国が合併すると、ドイツが強くなりすぎるからである。つまり、ドイツとオーストリアは、連合国の思惑で、一緒になることを禁止されていたのだ。

しかし、ヒトラーは、「オーストリアの住民がドイツと合併することを望んでいる」として、オーストリア併合を強行したのだ。

●英米の思惑で削り取られたズデーテン地方

また、ズデーテン地方の併合も同様である。

この地方は、第一次世界大戦前は、オーストリア・ハンガリー帝国の一部であり、ドイツ系住民が多く住んでいた。第一次世界大戦直後には、ドイツ系住民による政府もつくられ、ドイツとの合併が計画されていた。それが、しかし英仏など戦勝国の思惑によりチェコスロバキアの一部とされていたのだ。

ナチスによるズデーテン地方の併合を喜ぶ、ドイツ系住民

そのため、ヒトラーは、英仏などにズデーテン地方の併合を強く要求し、1938年「ミュンヘン会談」により、英仏の承認のもと、ドイツと併合されたのである。

ポーランドという国は、旧ドイツ帝国の領土を削減し、それにロシアの旧領土を加え、建国された国である。さらにドイツは、ポーランドが海につながる土地を確保するために、ポーランド回廊といわれる地域を割譲させられた。そのために、ドイツは東プロイセン地域と遮断されてしまったのだ。

自分の国が他国の領土によって分断されている、というのは、屈辱であるとともに様々な不都合があった。国内の行き来が自由にできないのだから、経済発展の面でも非常に不利である。

そのため、ポーランド回廊の奪還は、ドイツにとっての悲願でもあった。ヒトラーは再三、ポーランド政府にこのポーランド回廊の割譲を求めた。しかし、ポーランド政府は、英仏の後ろ盾を得て、頑として首を縦に振らない。

そんな中で、1939年9月、ドイツ軍はポーランドに侵攻を開始したのである。

そしてポーランドと同盟を結んでいた英仏が、ドイツに宣戦を布告。第二次世界大戦が始まったのだ。

第四章

日米対立の裏にあるソ連の影

1

【暗躍するソ連と共産主義スパイ】

太平洋戦争のキーマンはソ連だった

●当時の世界情勢に大きな影響を与えた「共産主義」

第二次世界大戦というと、

「ファシズム対自由主義」

「持てる国のアメリカ、イギリス対持たざる国の日本、ドイツ」

というような構図で見られることが多い。

確かにそういう面もある。

だが、見過ごされがちではあるが、第二次大戦にはもう一つ大きな背景がある。

それは、「ソビエト連邦」と「共産主義」である。

ソ連や共産主義は、21世紀の現代においては過去の遺物のように思われている。我々はソ連や東欧の共産主義国家が、20世紀終盤に次々に崩壊していった経緯を知っているからだ。

だから、現在の我々は歴史上の彼らの存在を軽視しがちである。

しかし、20世紀初頭に登場したソビエト連邦という国は、当時の世界にはかりしれないほど大きな影響を与えていたのである。

演説を行うソビエト連邦の指導者、ウラジミール・レーニン。ソ連の共産主義は「マルクス＝レーニン主義」とも呼ばれる。

「共産主義」というのは、19世紀から20世紀にかけて、知識人の間で一種のブームになった思想である。当時は、欧米諸国では、資本主義の矛盾が噴出していた時代であり、巨大な富を手にする資本家たちがいる一方で、低賃金の過酷な工場労働などで大勢の労働者が苦しい生活を余儀なくされていた。その社会矛盾は誰もが感じていたものだった。

その矛盾を解く鍵として登場したのが「共産主義」だったのである。

●資本主義の矛盾を解く鍵

共産主義は、「資本家から社会の富を取り戻し、労働者をはじめ国民全般に分配する」、「搾取される者も搾取する者もいない平等な社会を実現する」ということを標榜していた。

この共産主義の思想は、資本主義社会に疲れた当時の人々にとっては、救いの福音に聞こえた。そして「物事を深く考える知識人」にこそ、この共産主義は浸透していったのだ。

現代の我々は、共産主義の欠陥を知っている。

「一党独裁政権は反対者を粛清したり迫害する凶暴なものであること」

「経済活動の自由を阻害すれば、経済発展は遅れてしまうこと」

「すべての権力を一党に集中させれば、中枢のものだけが潤うことになり、不公平はより大きくなること」

これらのことは、共産主義国の崩壊により明らかになったことであり、20世紀初頭の人々はまだ知らないことだった。当時は、スターリンによる大量粛清も、各国の共産党幹部の巨額な蓄財も、知られていなかったのだ。

だから、ソ連に限らず世界中に共産主義を信奉する知識人がいた。

もちろん、それは日本も例外ではない。

その共産主義の勢いを背景に、総本山であるソ連は、世界全体での「共産主義革命」を本気で考えていた。世界共産主義革命を目指す協力者は世界中におり、それはソ連のスパイの場合もあったし、スパイではなくても自発的にソ連に協力的な行動をとることもあった。

その中には、国の指導的な立場、国の施策を立案する立場などの者が多数いた。そして当時の各国の外交に、ただならぬ影響を与えた。

アメリカ、イギリス、ソ連の指導者が勢揃いした1943年のテヘラン会談。ソ連は第二次大戦、そして太平洋戦争のキーマンだった。

言葉を変えれば、ソ連に有利になるように各国が不自然な動きをしているのである。

たとえば、日本とアメリカは、日米交渉の重大な局面において、両者とも大きな失敗を犯している。

「それをやれば、相手は怒るだろう」というようなことをである。

たとえば日本の場合は、中国との全面戦争、フランス領インドシナへの進駐であり、アメリカの場合は、日本の在米資産凍結やハル・ノートなどである。

それらの失敗のいずれにも、実はソ連のスパ

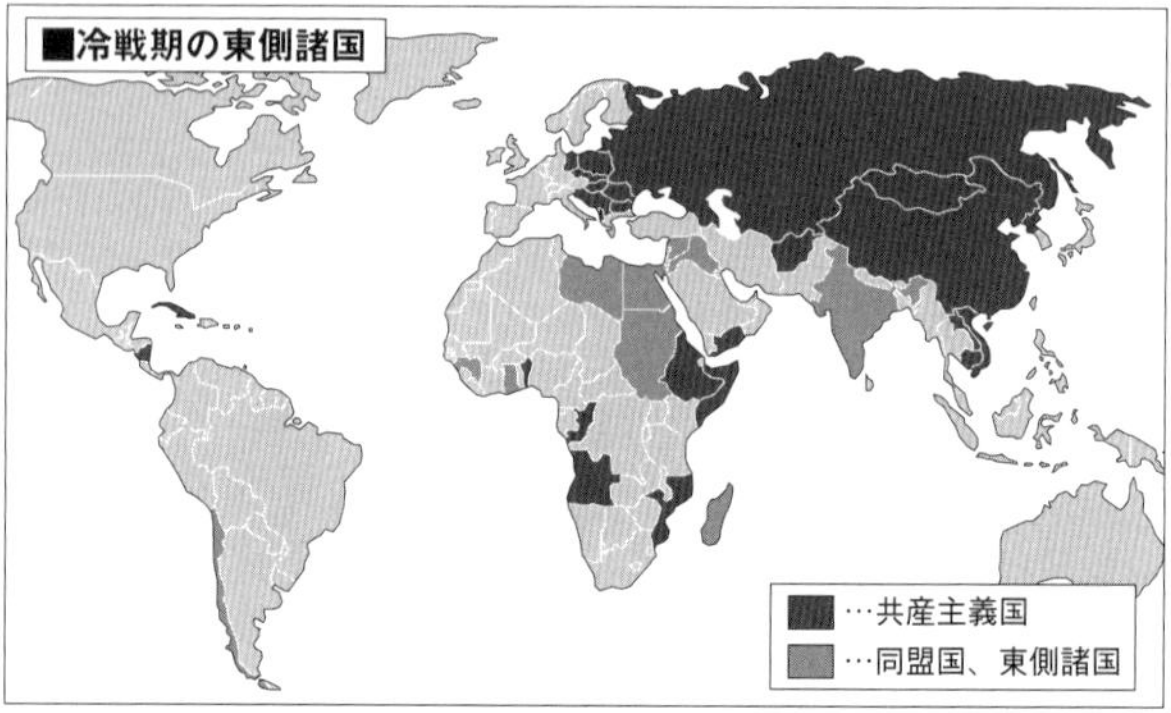

第二次世界大戦後に急速に世界に広がっていった共産主義圏。冷戦期には「東側諸国」としてアメリカを中心とする資本主義陣営（西側諸国）と世界を二分する勢力圏を築き上げた。

イや、ソ連の協力者が絡んでいるのである。

日本とドイツが接近したのも、日本とアメリカが対立したのも、日本と中国が泥沼の戦争に陥ったのも、ソ連の動きと無関係ではない。極端に言えば、第二次世界大戦の対立の構図は、ソ連による画策だともいえるのだ。

もちろん、各国の対立の構図の「最初から最後まで」をソ連が仕組んだものではない。日本とアメリカは、すでに日露戦争当時から敵対する要素を持っており、日本と中国も第一次世界大戦の頃から対立する下地があった。

ソ連とその協力者たちは、それを「うまく焚きつけて対立を煽った」のである。

第二次世界大戦が、ソ連の有利に運んだというのは、戦後の版図を見ればよくわかる。

イギリス、アメリカなどは死力を尽くし、形式上は勝利を得た。

しかし、彼らはこの戦いでは得るものより、失うものの方が多かった。彼らが大戦前に持っていた植民地の多くは、大戦後に相次いで独立してしまった。そして、アジアに持っていた利権の多くを手放さざるを得なくなった。

その一方で、ソ連は東ヨーロッパの広大な領土を事実上の支配圏に組み入れ、中国、ベトナム、北朝鮮などで共産主義国家、社会主義国家を誕生させた。第二次大戦でも、もっとも多くのものを得た国、本当の意味で勝利を得た国というのは、まぎれもなく〝ソ連〟なのである。

本章では、これらの「ソ連および共産主義が第二次世界大戦に与えた影響」を検証していきたい。

2 日独同盟のきっかけは共産主義だった

【中国で対立した日独が手を結んだ理由】

●日独防共の真実

戦前の日本のターニングポイントに挙げられるのが、ナチス・ドイツとの同盟である。

この同盟によって、日本とアメリカやイギリスとの関係は悪化し、太平洋戦争勃発のひとつの要因になった。

日本とドイツの同盟は、「英米などの連合国に対抗するためのものだった」と思われがちである。しかし、本来はそうではなかった。

日本とドイツが手を結んだのは、実は「対ソ連」がきっかけだったのである。

そもそも日本とナチス・ドイツは最初から仲が良かったわけではない。

特にドイツ側は、日本に好ましい感情を持っていなかった。

日本とドイツは、第一次世界大戦で敵味方に分かれて戦った相手である。ヨーロッパでの直接の戦闘こそなかったものの、日本はドイツが中国に持っていた山東省の膠州湾租借地やパラオなどの南洋諸島を占領し、その権益を奪った。ドイツにとって日本は極東地域の植民地を奪い取った憎むべき相手だったのだ。

また、政治思想的にも日本とドイツは相容れないものがあった。

日露戦争当時、ドイツはロシアと同盟関係にあった。ドイツ皇帝のヴィルヘルム2世は、アジア人が台頭すると白人は害を受けるという「黄禍論《こうかろん》」を主張、日本の排撃を西洋諸国に呼びかけていた。

それだけでなく、両国は経済においても対立関係にあった。

国際貿易が活発化する中、日本とドイツは自転車や白熱電球などの分野で競合しており、アジアやアフリカ諸国への輸出で激しい競争を繰り広げていた。政治だけでなく、経済の面でもドイツにとって日本は目の上のたんこぶのような存在だったのである。

第一次大戦が終結すると、ドイツはソ連を牽制する意味もあって、中国との関係を深めていった。日本に山東の租借地を奪われたため、もはや中国に権益らしいものはなかったが、そのことが逆に幸いし、辛亥革命によって中華民国政府が誕生するとすぐさまそれを承認し、良好な関係を築こうとした。

ドイツは1928年から中国に軍事顧問を送り、武器の援助や兵士の訓練を行った。

その中心になったのが、ドイツが1934年に設立した兵器貿易会社「ハプロ」だった。

1936年にドイツを訪れ、ヒトラーと会談する中華民国の孔祥熙（こうしょうき）。孔は中国南京政府の財政部長などを務めていた。

同じ年の8月、ドイツと中国はハプロ・中国間物資交換条約を締結し、ドイツが兵器を輸出する見返りに、中国はドイツに天然資源を渡すことになった。この条約が締結されたことで、ドイツの中国支援は増加し、1935年から翌年にかけてドイツの武器輸出のうち6割近くを中国が占めることになった。

1936年には、中国政府とハプロなどが連携して、軍事産業三カ年計画を立案。ドイツの鉄鋼メーカー・クロップ社の製鉄工場や化学メーカーの爆薬工場などが中国各地に作られることになった。

ドイツは武器や技術を供与するだけでなく、中国軍の近代化にも着手した。200名の中国兵を参謀学校で学ばせ、1万5000人の兵士に幹部教育を施し、8万人の兵士に近代的な装備を与えた。同時に、蒋介石に〝日本のみ〟を敵国とするように提言。対日戦略案を練り上げ、中国側から日本を攻撃するように提案している。

そうしてドイツの指導と援助を受けた中国兵が、日中戦争で日本軍と戦ったのである。

●日本とドイツを結びつけた「コミンテルン」

言わば敵同士だった日本とドイツ。その両者を結びつけたのは、意外な出来事だった。

1935年7月、コミンテルンによる第7回「世界大会」がモスクワで開催された。

この大会で、コミンテルンは「『反ファッショ人民戦線戦術』に関する決議」を採択した。簡単に言うと、日本とドイツをファシズム国家として規定し、日本、ドイツ、そしてドイツの影響下にあるポーランドを攻撃目標に定めたのである。

コミンテルンというのは、ソ連の共産党が主導してつくった国際共産主義団体である。世界各国の共産党と連携し、「世界共産主義革命」を目指すという目的を持つ、いわば共産主義の総本部のような機関である。

しかも、コミンテルンはソ連の一政治機関というような軽い存在ではない。

全世界に支部を持つ、世界規模の団体なのである。

たとえば第7回世界大会では、57か国、65の共産党、510名の代表が出席している。

そのコミンテルンが、日本とドイツを「共産主義の敵」だとし、両国の政権を倒すことを

協定書にサインをするドイツ側の代表リッベントロップ（右）と、日本側の全権を務めた武者小路公共（きんとも）駐独大使（左）

第一の目標に掲げたのである。

日本とドイツは、当然、強い警戒心を抱いた。

そして、両国は共産主義に対して共にたたかおうという戦略を打ち出す。

それが〝日独防共協定〟である。

防共というと、「共に防ぐ」つまり軍事的な同盟と思われがちだが、ここで使われている「共」というのは、共産主義の意味である。〝防共〟というのは、共産主義を防ぐ、ということなのだ。

つまりは、ソ連や共産主義を牽制し、共産主義をこれ以上広めないようにお互い協力しましょうというのが、〝防共協定〟なのである。

軍事同盟ではなく、防共協定であれば、英米仏に対しても言い訳ができる。また当初、ドイツはこの防共協定にイギリスへ参加を持ちかけたりもしているのだ。

日本とドイツだけではなく当時の世界各国にとって、共産主義というのは非常に脅威だった。共産主義を防ぐということは、世界の国々にとって共通の懸案事項でもあったのだ。

だから、ドイツと日本で共産主義を防ぎましょうという協定を結んだのである。これは英米に対して、「あなたたちを敵対視して、日独が協定を結ぶわけではありません。あくまでソ連に対しての牽制なのです」というメッセージも含まれていた。

もちろん、本音では、両国が防共協定を結ぶことによって、ソ連だけではなく米英仏などの連合国を牽制しようという狙いもあった。

だが、ドイツと日本が手を結んだきっかけは、ソ連と共産主義の脅威があったから、だったのである。

3 ソ連のスパイが近衛内閣のブレーンにいた

【ゾルゲ諜報団と日本人工作員・尾崎秀実】

●日独が恐れたコミンテルンの「秘密工作活動」

敵対していた日本とドイツを共闘させるほど、対外的に強い影響力を持っていたコミンテルン。しかし、その本当の恐ろしさは別のところにあった。

それは「秘密工作活動」である。

コミンテルンは世界の国々の共産党や共産主義者と連携し、指示を与える機関である。その指示にしたがって活動するために、各国に設けられたコミンテルンの支部は諜報活動に従事する秘密工作員を有していた。

これは日本も例外ではなかった。

それどころか、コミンテルンの重要なターゲットになっていた日本では、政治の中枢で強力な秘密工作活動が行われていたのである。

このことは、なにも筆者が特別な資料を入手して暴露するようなものではない。少し詳

日本に潜入し、スパイ網を築き上げたゾルゲ（左）と、そのスパイ網の中心となって活動した尾崎秀実（右）

しい昭和史の専門書などには、当たり前のように出てくる事柄なのである。

戦前の日本には、ドイツからゾルゲというソ連の大物スパイが送り込まれており、そのゾルゲを中心に巧妙なスパイ組織「ゾルゲ諜報団」が構築されていた。そのスパイ組織の中心にいたのが、尾崎秀実《ほつみ》という人物である。

尾崎秀実は、近衛《このえ》文麿《ふみまろ》のブレーンとして長く日本の政治の中枢で仕事をし、昭和10年代の日本の内政や外交に大きな影響を与えた。つまり、昭和10年代の日本の政治や外交は、ソ連のスパイの影響下にあったのである。

信じられないような話かもしれないが、これは様々な公文書、公式記録、当事者の手記などから明らかになっている歴然たる事実なのだ。

尾崎秀実というのは、明治34（1901）年生まれのジャーナリストである。

幼時から台湾で育ち、台北一中、第一高等学校、東京帝大法学部と当時のエリート中のエリートコースを歩む。朝日新聞記者や満鉄調査部を経て、近衛内閣にブレーンとして加わり、昭和初期の政界に強い影響を与えた男である。

尾崎秀実の共産主義との出会いは、大阪朝日新聞に入社してすぐのことである。高校の先輩である冬野猛夫と接触し、共産主義の薫陶を受けたと言われている。

昭和2年に朝日新聞の上海支局に転勤になり、中国の共産党グループとも接触するようになった。そして共産党の上部組織とも関係を持つようになり、ソ連のコミンテルンの工作員、ゾルゲと出会い自身もコミンテルンの一員になっている。

尾崎秀実は、ジャーナリストとしての能力も高く、社交的な性格から、政界や軍部にも交友関係を広げていた。有力な華族であり、政界のサラブレッド的存在だった西園寺公一《さいおんじきんかず》と出会い、信頼を得る。これが、尾崎が政治の中枢に入り込む契機となった。

尾崎秀実は若手の政治家、官僚などの研究会である「昭和研究会」に出入りし、幹部となる。昭和研究会は近衛文麿の私的な政治研究団体で、昭和の政局に大きな影響を与えたグループだった。

また、近衛文麿が各界の識者を集めてブレーンとしていた「朝飯会」の中心メンバーにもなっている。この「朝飯会」は、首相官邸で十数回、秘書官邸で数回、西園寺邸で数十回、万平ホテルで数回開かれており、尾崎秀実の検挙の1ヶ月半前まで続けられていたという。

こうして近衛文麿の絶対的な信認を得ていた尾崎秀実は、日本の命運を左右する出来事の数々を主導していくのだ。

●日本と英米を敵対させよ

では、尾崎秀実は、日本や世界をどのようにしたかったのか。

尾崎秀実が書き残した構想を見ていくと、かなりの部分がその後の日本の行く末とリンクしていることがわかる。つまり、太平洋戦争直前の日本の動きは、尾崎の構想に大きな影響を受けているということである。

まず尾崎は「日本を米英と対決させ、ソ連や共産主義化した中国と連携させる」という構想を描いていた。

尾崎は、その手記で次のように述べている。

「私が心に描いたところは、次のごときものでありました。

第一に、日本は独伊と提携するであろうこと

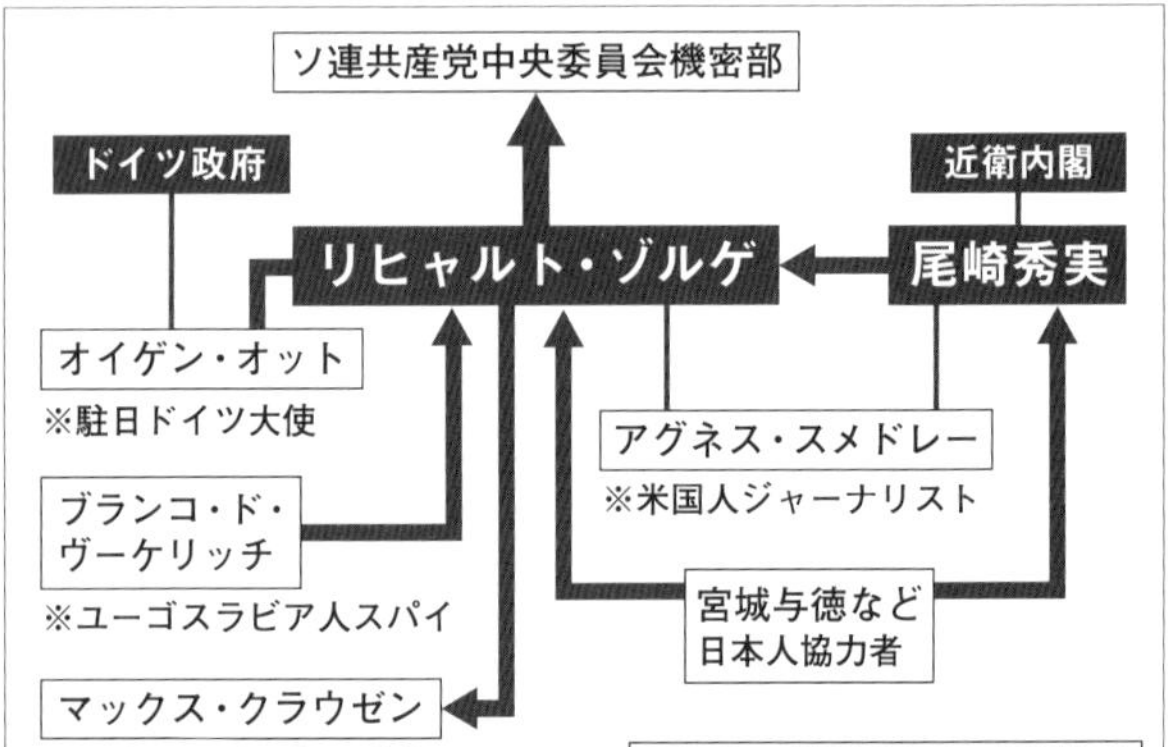

■ゾルゲ諜報団の組織図

第二に、日本は結局英米と相戦うに至るであろうこと

第三に、最後に我々はソ連の力を籍《か》り、まず支那の社会主義国家への転換を図り、これとの関連において日本自体の社会主義国家への転換を図ること

でありました」

つまり尾崎は、日本とイタリア、ドイツが同盟を結ぶこと、日本がアメリカ、イギリスと戦争をすることを前提とし、最終的に日本を社会主義国家（共産主義国家）にすることを考えていたのだ。

なぜ尾崎は、日本を米英と対決させようとしたのか？

尾崎はその手記で次のように述べている。

「帝国主義陣営は型通り、正統派帝国主義群とファッショ派帝国主義国家群とに分裂しているのでありますが、この場合、戦争の結果は、両方共倒れとなるか、または一方が他方を制圧するかであり、敗戦国家においては第一次世界大戦の場合と同様プロレタリア革命に移行する可能性がもっとも多く、またたとえ一方が勝ち残った場合でも戦勝国は内部的な疲弊と敵対国の社会変革の影響とによって社会革命勃発の可能性なしとしないのであります」

共産主義(つまりソ連)から見れば、日本も米英、独仏もすべて敵だった。敵同士で戦わせ、その力を減じさせることができれば、ソ連を守り、革命を誘発することができる。尾崎はそう考えていたのである。

そのため、尾崎は日中全面戦争、東亜新秩序など、あえてアメリカが反発するような政策を立案していったのである。

4 日中戦争の泥沼化も共産主義の影響があった

【成立寸前で打ち切られた日中戦争の和平交渉】

●尾崎の「日本、中国の共産主義化計画」

先ほどの項目で見たように、尾崎秀実は日米を対立させることで国家の疲弊を招き、日本を最終的に共産主義化する計画を立てていた。

尾崎はその手記で次のように述べている。

「日本は南方への進撃においては必ず英米の軍事勢力を一応打破しうるでありましょうが、それ以降の持久戦により消耗が致命的なものとなって表れてくるであろうと想像したのであります（中略）その場合、日本社会を破局から救って方向転換ないし原体制的再建を行う力は日本の支配階級には残されていないと確信しているのであります」

つまり、日本は今度の戦争において、南方では米英の勢力を一度は掃討するが、やがて資源不足などにより消耗して戦争が遂行できなくなる。そのときに、日本で共産主義革命を起こすという目論見だったのだ。

尾崎は日本の共産主義革命には、ソ連の援助が必要であると考えていた。そして、日本で共産主義革命が起きたあかつきにはソ連、日本、中国の「大共産主義国家圏」を作ろうと画策していた。

その部分に触れた尾崎の手記を見てみよう。

「英米帝国主義との敵対関係の中で、日本がこのような転換を遂げるためには、特にソ連の援助を必要とするでありましょうが、さらに中国共産党が完全なヘゲモニーを握った上での支那と、資本主義機構を脱却した日本と、ソ連の三者が緊密な提携を遂げることが理想的な形と思われます（中略）以上の三民族の緊密な結合を中核としてまず東亜諸民族の民族共同体の確立を目指すのであります」

ヘゲモニーとは、特定の個人や集団が長期間にわたって安定した権力を手中に収めることである。尾崎のこの構想は、ソ連、そしてコミンテルンの構想でもあった。そして、尾崎はこの構想に従って日本の政治を誘導していく。その舞台として選ばれたのが、日中戦争だった。

●日中を泥沼の戦争に引き込んだ尾崎秀実

昭和12（1937）年12月、日本軍は国民党政府の首都だった南京《なんきん》を陥落させた。

蒋介石との関係悪化後、日本は新たな交渉先として親日派の汪兆銘（おうちょうめい）を擁立。汪は南京国民政府を樹立したが戦争終結には至らなかった。

その1ヶ月後の昭和13年1月、日本の近衛内閣は「爾後《じご》国民政府を対手とせず」と発表した。

「国民政府は、もはや中国を代表する政府ではなく、一地方政権に過ぎない。国民政府は、中国を代表して日本と交渉する資格はない」ということである。

そして昭和13年11月、近衛内閣は世界に向けて「東亜新秩序建設」を宣言した。

この「東亜新秩序」というのは、満州を含めた中国をこれまでの欧米の価値観による体制から脱却させ、日本を中心とした新しい価値観による体制につくり直すということである。

これらの近衛内閣の発表に対し、中国国民党政府の蒋介石《しょうかいせき》はもちろん反発し、蒋介石を支援していた英米からも強い反感を買った。以降、日本と中国は講和の機会をほぼ失い、日本と英米の対立も決定的になってしまった。

しかし、水面下では日中の和平交渉も進められていた。

ドイツの駐華大使トラウトマンを仲介者にした「トラウトマン和平工作」と呼ばれるものが、それである。

この和平工作は昭和12年11月から日本軍が南京を陥落させた翌月の昭和13年1月まで続けられた。当初、日本側は中国側（蒋介石政権）の心情を鑑みて、「内モンゴルに自治政府の樹立」「中ソ不可侵条約に矛盾しない範囲での共同防共」といった緩やかな条件を出していた。そのため、和平交渉は成立寸前のところまで進んでいた。

しかし、近衛内閣は土壇場になって要求を拡大、蒋介石の反発を招き、和平交渉を打ち切られることになった。日中戦争の泥沼化は、近衛内閣主導のものだったのである。

なぜ近衛内閣は和平交渉を打ち切り、中国に対して強硬な姿勢をとったのか。現代でも歴史学者の間で議論の的になっている。

その謎を解く鍵が、尾崎秀実にあるのだ。

尾崎は朝日新聞の上海支局に長く勤めていたこともあり、当時、日本有数の中国問題の権威だった。この頃、近衛文麿はすでに尾崎に強い信頼を寄せており、中国に対する対応にも尾崎の意見を取り入れていたと言われている。

尾崎は蒋介石政権に徹底的な強硬路線をとっており、論文などを通じて蒋介石の国民政府を軍閥政府と切り捨て、中国を軍事的に屈服させるべきだと主張した。これは当時の日本国民の感情をうまくとらえた主張でもあったが、裏を返せば「ソ連の有利になる策謀」だった。

尾崎秀実は、その手記の中で、次のように述べている。

「対ソ連攻撃の危険性のもっとも多い日本およびドイツが、前者は日支戦争により、後者は欧州戦争により、現実の攻撃可能性を失ったと見られた時、私は以上の見通し（第二次世界大戦を通じて、ソ連が中心となり、世界中で共産主義革命が起きること）が、ますます確実になったことを感じたのであります」

当時、ソ連を攻撃する可能性があったのは、日本とドイツだった。日中戦争を長引かせ、日本の目を中国に引きつけることができれば、日本がソ連を攻撃する可能性は薄まる。日本と中国の戦争が泥沼化することは、ソ連のスパイである尾崎には本望だったのである。

5

【尾崎秀実も南進強硬派だった!】
北進をやめると一番得をするのは誰か?

●政権の中枢に深く入り込んでいた「共産主義」

近衛文麿のブレーンとして、政策決定に大きな影響を及ぼした尾崎秀実。

だが、日本の政治の中枢に入り込んでいた共産主義者は、尾崎だけではなかった。

それが明らかになったのが、戦前にあった大スキャンダル「企画院事件」である。

企画院というのは、昭和12（1937）年に設置された重要政策の企画立案を行う内閣直属の機関をいう。当時は外交や軍事、財政経済などに多くの困難な問題を抱えており、各省庁だけで対応するには限界があった。そこで、政策を大局的に企画立案する官庁が求められ、企画院が設けられたのである。

企画院は、外交政策から物資統制まで日本の重要課題を一手に担うため、各省庁や軍部から選りすぐりの人材が抜擢された。いわば、当時の日本を動かす最高現場責任者ともいえる官庁だった。

だが、「企画院事件」によって、このきわめて重要な官庁に共産主義を信奉する者が多数いたことが明らかになったのである。

昭和13年、特高警察は治安維持法違反の疑いで、京浜工業地帯の労働者たちの研究会だった「京浜グループ」を摘発する。すると捜査の過程で、企画院の芝寛がこの団体で講師をしていたことが判明した。取り調べを受けた芝寛は、企画院の中に「共産主義研究会」があることを自供、同会に参加していた企画院の職員や調査員が逮捕された。

その2年後、企画院が発表した戦時の経済統制に関する「経済新体制確立要綱」が左翼的だとして、要綱に関わった企画院の職員が治安維持法違反で多数検挙された（戦後、全員に無罪判決）。

芝寛は戦後になり、日本共産党東京支部の書記を務めた、筋金入りの共産主義活動家だった。そのような人物が官庁の最高機関とでもいうべき企画院におり、しかも同僚たちと共産主義の研究会を行っていたというのだから、驚きである。

企画院はエリートの集まりだったが、学生時代などに社会主義運動を行っていた者が多かったとされる。共産主義が、いかに当時の知識人の間で浸透していたか、信奉する者が多かったかということである。

そしてこの企画院にも、尾崎秀実は深い関係にあった。

企画院の主要メンバーである和田耕作、稲葉秀三、小澤正元などほとんどが共産党関係の思想前歴があったが、和田耕作、小澤正元は、尾崎が推薦して入庁している。そしてこれらのメンバーは、近衛文麿の「朝飯会」にも参加していたのだ。

そしてこの企画院は日本の行く末を決める「南進政策」など重要な政策に関わっていったのである。

日露戦争で進軍する大日本帝国陸軍。陸軍は伝統的にロシア（ソ連）の脅威に備える、という北進政策をとってきた。

●「日本軍の南進」も共産主義者のアイディア⁉

太平洋戦争前の日本で、大きな岐路となった出来事に「南進政策」がある。

当時の日本は、東南アジア方面へ兵を進める「南進」か、ソ連と対決する「北進」のどちらをとるか、という難しい選択を迫られていた。

「南進」には、蒋介石に物資を送る米英の支援ルートを潰すとともに、石油などの戦略資源を獲得するというメリットがあった。

しかし、南進すれば、東南アジアに利権を持つア

オランダ領東インド（現インドネシア）の製油所。南方の豊富な天然資源は、日本にとって喉から手が出るほど欲しいものだった。

メリカやイギリス、フランスと対立することは明らかだった。

一方の「北進」は、ドイツのソ連侵攻に乗じてソ連を叩いて満州国の脅威をそぐとともに、南進をやめることで、アメリカとの関係を改善させられる可能性があった。

進路を南にとるのか、それとも北にとるのか。議論が紛糾する中、「南進」を声高に叫んだのが、近衛内閣のブレーンである尾崎秀実だった。そして尾崎の〝同志〟が多数いる企画院が中心となって、日本の南進政策が立案される。

なぜ、尾崎らは南進を推し進めたのか？

日本が北進すれば、ソ連は西にナチス・ドイツ、東に日本と両面から攻められることになる。そうなれば、いくら強大なソ連でも持ち堪えられるものではない。尾崎ら共産主義者にとって、ソ連を守ることは最も大きな任務である。何としてでも日本に北進させることだけは避けねばならなかったのだ。

尾崎らの強力な働きかけもあって、近衛内閣は昭和15（1940）年、「南進」を決定する。そしてその年の9月、軍隊を北部仏印に進駐させると、翌年の7月にはアメリカが猛反発するなか、南部仏印まで兵を進めた。

昭和16（1941）年に日ソ中立条約に調印する松岡洋右外相（当時）。松岡は北進を強く主張したために、近衛内閣から外された。

尾崎たちの意向が近衛の決定にどの程度、反映したのかは知るすべはないが、尾崎の意向通りに事が運んだことは紛れもない事実である。

この「南進」により、アメリカとの対立は決定的となる。アメリカは石油禁輸、在米資産凍結と、日本との対決姿勢を鮮明に打ち出すようになったのである。

●独ソ戦にも影響を与える

日本の「南進政策」は、日米の対立を決定的にしただけではなく、ドイツとソ連の戦争にも大きな影響を与えた。

極端に言えば、日本の南進政策がソ連を勝利に

第二次大戦屈指の激戦となったスターリングラード攻防戦。ドイツ軍の激しい空爆で、スターリングラードの街は廃墟と化した。

導いたのである。

日本が南進政策を決定すると、尾崎は日本の方針をゾルゲを通してコミンテルンに報告した。ソ連にとって当時の日本は仮想敵国のひとつだったため、ソ連は満州方面に大きな兵力を割いていた。

しかし、日本が攻めてくる意思がないことを知ると、満州地域に配備していた兵を引き上げ、それを対ドイツ戦につぎ込んだ。日本に対する憂いがなくなったので、全力を挙げてドイツと戦うことができたのである。

尾崎秀実は、当時のドイツに関して次のように語っている。

「独ソ戦の勃発は我々の立場からは極めて遺憾なことでありますが、我々はソ連がドイツに対して結局の勝利を得るであろうことを依然確信しており、その結果ドイツがもっとも速やかに内部変革の影響を蒙るべきことを密かに予想していたのであります」

もちろん尾崎は、自分の情報提供によりソ連が全兵力をドイツに向けたことを知っていた。だからこそ、ドイツは敗けると踏んでいたのだ。

しかし、当時、日本の軍部や外務省は、独ソ戦ではドイツが勝利すると踏んでいた。開戦当時、ドイツは破竹の勢いでソ連に攻め込み、スターリングラードを陥落寸前まで追い込んでいたからだ。軍部や外務省は自分たちの動きがソ連に筒抜けだったとは、知らなかったのだ。

尾崎たちコミンテルンの活動がいかに巧妙で確信的だったかということである。

6

【日本軍が掲げた理想のアジア像】

大東亜共栄圏と共産主義の深い関係

●「大東亜共栄圏」と尾崎秀実

太平洋戦争中の日本には、「大東亜共栄圏」という思想があった。日本、中国、東南アジアの国々が欧米の支配から脱し、各民族が平等で豊かな世界を作るというものである。この「大東亜共栄圏」の思想も、実は尾崎秀実らの共産主義者たちの意向が強く反映されていたことを知っているだろうか。

尾崎秀実は、その手記の中で次のように述べている。

「日本は戦争の初めから、米英に抑圧せられつつある南方諸民族の解放をスローガンとして進むことは大いに意味があると考えたのでありまして、私は従来とても南方民族の自己解放を『東亜新秩序』創設の絶対要点であるということをしきりに主張しておりましたのはこのような含みをこめてのことであります」

「日、ソ、支、三民族国家の緊密友好なる提携を中核として、さらに英米仏蘭等から解放されたインド、ビルマ、タイ、蘭印、仏印、フィリピン等の諸民族を各々一個の民族共同体として前述の三中核と政治的、経済的、文化的に密接なる提携に入るのであります」

このように尾崎は、「南方民族の自己解放」のために日本が東南アジアに兵を進めることを強く進言していたのである。そして、ゆくゆくは日本、中国、ソ連と東南アジア諸国が連合するという構想を描いていたのだ。

●予言通りに進んだ戦後のアジア

「大東亜共栄圏」の思想というのは、尾崎たち共産主義者だけではなく、軍部や国粋主義者など幅広い立場の人々から出てきたものでもある。日本の軍人や思想家の中には、アジア諸国が欧米から支配されていることに関して、同じアジアの一員として憂う者もいた。

だが、この大東亜共栄圏の思想が具体化する中で、尾崎たち共産主義者の意向が強く反映されていったのも事実なのだ。

というのも、太平洋戦争後のアジア諸国の動きを見たとき、尾崎の構想と驚くほどリンクする部分があるからである。

尾崎たちにとって、南方民族の独立というのは、「欧米からのアジア解放」だけではなく、欧米の資本主義を廃し、共産主義を広めるということでもあった。その構想はすべてでは

昭和18（1943）年11月に東京で行われた「大東亜会議」に出席した各国首脳。
（左からビルマ、満州国、中華民国南京政府、日本、タイ、フィリピン、インド）

ないが、後にかなりの部分が実現していくことになる。

尾崎は日本やアジア諸国の将来については、次のような見通しを述べている。

「植民地、半植民地がこの戦争の過程を通じて自己解放を遂げ、その間にある民族においては共産主義的方向に進むであろうと言うことであります。少なくとも支那に対してはこのような現実の期待がかけられ得ると思われます」

尾崎が手記を書いた当時、まだ第二次大戦は終結しておらず、中国で共産党政権が誕生するなど誰も想像していなかった。しかし、尾崎はかなり高い確率で、中国で共産主義革命が起きることを予期していたのである。

そして尾崎は、アジアの共産主義化について次のようなことも述べている。

「この場合、それぞれの民族共同体が最初から共産主義国家を形成することは必ずしも条件ではなく、過度的にその民族の独立と東亜的互助連環にもっとも都合よき政治形態を一応自ら選び得るのであります」

共産主義国「民主カンプチア」の首相ポル・ポト（右）。後にソ連やベトナムと敵対、アメリカなどの支援を受けてカンボジア内戦を起こした。

この発言から、尾崎はアジア共産主義革命に関して、柔軟な考えも持っていたことがうかがえる。アジア諸国の中には、国情的に共産主義をすぐに導入できない国もある。そういう国は、まずはその国に合った政治形態を一時的に取り入れ、段階的に共産主義化すればいいということである。

ベトナムやカンボジアなどでは実際にその通りのことが起こっている。両国ではソ連流の共産主義革命ではなかったものの、共産主義政権が誕生している。戦後のアジア情勢を見たとき、尾崎たちの構想はかなりの部分が実現したといえるのだ。

●「大政翼賛会」も尾崎の発案だった

大日本帝国のファシズムを象徴する存在として「大政翼賛会」がある。

大政翼賛会というのは、日本でようやく育ちつつあった政党政治をぶっ壊し、一気に軍国主義への道を突き進ませた原動力とされている。いわば戦前の暗部、恥部ともいえる存在である。

大政翼賛会というと、ナショナリズムにかられた右翼の政治家たちが、政党の大同団結を呼び掛けて作られたものというイメージがある。

しかし、それはまったくの誤解である。

大政翼賛会も、実は尾崎秀実によって画策されたものなのである。

大政翼賛会の構想は、尾崎が幹部となっていた昭和研究会が中心となって作られたものである。日中戦争が泥沼化し、英米とも一触即発の事態となっていたこの時期、国家が一体となって戦争できる体制をつくるために、右派と左派が団結し、一枚岩になろうという趣旨のものだった。時の首相であった近衛文麿を発起人とし、昭和15（1940）年に創立され、終戦まで日本の政治を担った。

この大政翼賛会もまた、尾崎秀実の思想が強く反映されているのだ。

尾崎は手記の中で次のように述べている。

「私の立場から言えば、日本なり、ドイツなりが簡単に崩れ去って英米の全勝に終わるのは、はなはだ好ましくないのであります。万一、その場合になった時に、英米の全勝に終わらしめないためにも、日本は社会的体制の転換をもって、ソ連と支那と結び別な角度から英米に対抗する姿勢を採るべきであると考えました」

昭和15（1940）年12月16日、大政翼賛会が設立されてから最初に行われた「臨時中央協力会議」の開会式の様子。

つまり、尾崎は、ソ連を守るために日本は英米と戦わなければならない。そして英米に対抗するためには、日本の社会的体制を転換しなければならない、と考えていたのだ。

日本の社会的体制を転換するということは、すなわち共産主義国家に生まれ変わらせるということである。尾崎の目標はそこにあった。

しかし、尾崎は日本ではそれが非常に難しいこともわかっていた。日本は君主制を敷いており、国民は天皇を深く敬愛していたため、国家体制は揺るぎないものがあった。いきなり共産主義体制に転換するのは、至難の業である。そのため、日本の共産主義化の第一段階として、「一党独裁」の体制を作ろうとした。それが大政翼賛会なのである。

しかし、大政翼賛会創立の翌年である昭和16（1941）年、「ゾルゲ事件」が発覚し、尾崎秀実がコミンテルンの工作員だったことが判明する。尾崎逮捕のニュースは、日本の政界はおろか国全体を揺るがすものとなった。だが不思議なことに大政翼賛会はそのまま存続した。尾崎の思想は残ったのである。

7

【背景にあったのは不均衡な社会】

エリートはなぜ共産主義に傾倒したか？

●共産主義に傾倒したエリートたち

ここまで太平洋戦争直前の日本の中枢で暗躍した、ソ連のスパイについて述べてきた。

それらを読んで、大きな疑問が湧いてきたのではないだろうか。

その疑問とは、

「なぜ彼らは共産主義を信奉するようになったのか？」

ということである。

たとえば、尾崎は東京帝大卒の新聞記者である。当時は、現在よりもはるかに大学卒業者の数が少なく、東大出の価値もいまよりはるかに高かった。危険を冒して、社会変革のための活動をしなくても、豊かな暮らしは充分約束されていたのである。

尾崎に限らず、当時の社会主義者、共産主義者は高学歴のエリートが多かった。尾崎に共産主義を薫陶した冬野猛夫もそうだし、『蟹工船《かにこうせん》』を書いて官憲に虐殺された小林多喜

プロレタリア作家の小林多喜二（左）は元銀行員、プロレタリア演劇の普及に努めた演出家の土方与志（右）は元伯爵だった。

二も北海道拓殖銀行に勤務していた超エリートである。

共産主義への関心は、一般人だけでなく、特権階級である華族の間にも広まっていた。

たとえば、尾崎を重用した近衛文麿も東京帝大の学生時代に、高名なマルクス経済学の研究者・河上肇《はじめ》の講義を受けるためにわざわざ京都帝国大学に転籍している。京都帝大ではオスカー・ワイルドの『社会主義下の人間の魂』を翻訳して、雑誌に発表したこともあった。

昭和8（1933）年には、共産主義活動を行っていた華族の子弟が多数検挙されるという「華族赤化事件」が起き、逮捕者の中に明治維新の立役者である岩倉具視《ともみ》のひ孫、岩倉靖子がいて世間を驚かせた。岩倉靖子は獄中で両親の説得もあり一度は転向するも、保釈された10日後に自殺。プロレタリア演劇を上映する築地小劇場を作り、後に爵位を剥奪されてソ連に一時亡命した演出家の土方与志《よし》も現役の伯爵だった。

●エリートはなぜ共産主義に傾倒したか？

東北娘の危機線に光明
一歩前續々救はる
本社と婦人團體の活動に
身賣防止 就職斡旋 着々緒につく
身賣防止相談所
六縣の現狀
救はれた娘の實例
山形
既に五十七人
本社義金の効果
秋田
割當の三千圓
立ち直つた五十人
青森
離村

昭和9（1934）年には、東北地方が大凶作に陥り、少女の身売りが深刻な社会問題になった。（東京朝日新聞、昭和10年1月19日）

彼らのような社会的なエリートが、なぜ危険を顧みず共産主義に身を投じたのか？

その理由は、当時の社会情勢にある。

当時は、世界大恐慌により、世界中で飢える者が大勢生じていた。それは日本の社会にも深刻な影響を与えていた。急速な工業化と資本主義の過熱により、けた外れの金持ちがいる一方で、貧困のために娘を身売りするような家庭も続出していたのだ。

そういう社会情勢に対して、大勢の知識人が不安を感じていた。

共産主義というのは、すべての人が平等な社会を作るという思想である。それは、多くの知識人にとって、理想的な社会のように感じられたのだ。

共産主義というのは、次のような歴史観を持っていた。

「帝国主義、資本主義は、資源の争奪戦争や、階級格差のために、やがて崩壊する。そして世界中が、新しい社会体制である『共産主義』の国家に変革されていく」

共産主義者たちにとって、第二次世界大戦前後というのは、まさに「マルクスの予言」が成就する歴史的な転換期だった。

マルクスの言った通りに、帝国主義者たちは資源争奪のための戦争を繰り広げ、世界中で格差による貧困などの社会の矛盾が噴出している。この次には、必ず共産主義の世の中が到来することになる。そして、この歴史的な転換をやり遂げることこそが、自分たちの使命だと考えたのである。

尾崎秀実はその手記の中でこう述べている。

「帝国主義政策の限りなき悪循環すなわち戦争から世界分割、さらに新たなる戦争から資源領土の再分割という悪循環を断ち切る道は、国内における搾取非搾取の関係、外交においても同様の関係を清算した新たなる世界的な体制を確立すること以外にありません」

「すなわち世界資本主義に代わる共産主義的世界新秩序が唯一の帰結として求められるのであります。しかもこれは必ず実現し来るものと確信したのであります」

「私はこの第二次世界戦争の過程を通じて世界共産主義革命が完全に成就しないまでも、決定的な段階に達することを確信するものであります」

「その理由は第一に、世界帝国主義国相互間の闘争は、結局、相互の極端なる破壊を惹起《じゃっき》し、彼ら自体の現有社会経済体制を崩壊せしめるに至るであろうと言うことであります」

このように尾崎は、今後、世界的に共産主義革命が起きる、そしてその手助けをするのが、自分の役割だと考えていたのだ。当時の他の共産主義者、ソ連の協力者も同じようなことを思っていたのである。

「共産主義は、国家がすべてを管理する巨大な官僚主義に過ぎず、自由主義よりもさらに激しい貧富の差を生じさせるもの」

ということを人類が明確に認識するのは、ソ連や東欧諸国の共産主義国家が崩壊した後のことなのである。

写真は1989年に崩壊したベルリンの壁。80年代終わりには東欧のソ連の衛星国で民主化運動が激化。ソ連と共産圏崩壊の要因となった。

だから、当時の社会を憂う知識人たちは、こぞって共産主義に傾倒していったのだ。

●ソ連を守ることが共産主義者の使命

だが、それでも大きな疑問が残る。

「なぜ尾崎秀実は、ソ連のスパイになどなったのか？」

ということだ。

共産主義を信奉するのはいいとして、なぜ尾崎は敵国のスパイになり、日本を窮地に陥れるようなマネをしたのだろうか。

それは、尾崎らスパイにとってソ連という国は絶対的な存在だったからだ。

世界で最初に共産主義革命を成功させ、共産党の独裁政権を樹立させたソ連は、世界の共産主義者にとって「魂の拠り所」と言えるような存在だった。

「今後の世界革命は、ソ連を中心に行われる」

「ソ連がなくなれば、世界革命の夢は潰える」

共産主義者たちは、そのように考えた。

共産主義者の大きな使命は、「ソ連を守る」ことだった。仮に敵対する国があるならば、その攻撃をソ連から逸らす。世界の情勢をソ連の有利になるように操作する。世界各地に散らばったソ連のスパイは、その目的を成就させるために、身の危険を顧みず、国家に反逆して諜報活動を行ったのである。

尾崎秀実は、その手記の中で自分たちの役割のことをこう述べている。

「世界共産主義革命の遂行上、その支柱たるソ連を日本帝国主義より防衛するため、日本の国内情勢ことに政治、経済、外交、軍事等の諸情勢を正確にかつ迅速に報道し、かつ意見を申し送って、ソ連防衛の資料たらしめることにあるのであります」

ゾルゲ事件で逮捕された尾崎は、戦いの行方を見ることなく、昭和19（1944）年に収監先の巣鴨プリズンでゾルゲとともに絞首刑に処された。処刑が行われた11月7日は、奇しくもロシア革命記念日だった。

8 【ハル・ノートの起草に関わった疑惑の人物】 アメリカ中枢にもソ連のスパイがいた⁉

●アメリカにもいたソ連のスパイ

共産主義、コミンテルンに踊らされていたのは日本ばかりではなかった。

戦争相手となったアメリカの政治も、実はコミンテルンの大きな影響を受けているのだ。

アメリカの政治の中枢部にも、コミンテルンのスパイや協力者は多数紛れ込んでいた。

たとえば、ルーズベルト大統領の側近ナンバー２といわれた大統領補佐官のハリー・Ｌ・ホプキンスは、ソ連のスパイに貴重な情報を提供しつづけ、モスクワでは「役立つ間抜け」という暗号名で呼ばれていたことがＶＥＮＯＮＡ《ヴェノナ》文書で明らかになった。ＶＥＮＯＮＡ文書とはアメリカ陸軍のソ連暗号解読資料のことで、１９９５年に公開されたものだ。

ハリー・Ｌ・ホプキンスは、「武器貸与法」の起草に深く関わった人物である。武器貸与法は、ドイツと戦争をしている国（イギリス、ソ連など）に武器を貸与するという法律である。アメリカを参戦に傾けさせるとともに、ソ連の大きな手助けとなったものだ。

また東京裁判で近衛文麿を厳しく糾弾したGHQ情報部調査課長のハーバート・ノーマンは、1957年、アメリカ上院司法委員会でコミンテルンとの関与を指摘されたために、謎の自殺を遂げている。

ハリー・L・ホプキンスは、アメリカのイギリスに対する援助について話し合われた大西洋会談（1941年）にも参加している（写真左奥の人物）。

VENONA文書によると、200人近い共産主義者や共産主義シンパが、第二次世界大戦当時のアメリカ政府の中枢に入り込んでいたという。アメリカの日本に対する政策は、そうした政府内の共産主義者の影響を少なからず受けていたのである。

●ハル・ノートの起草に関わったスパイ

1940年から1941年にかけて、アメリカは日本に厳しい姿勢を見せて戦争に追い込んだ。実は、これもソ連の狙い通りのものだった。

1996年に元KGBの中将ヴィター

ハリー・ホワイトはブレトン・ウッズ会議にも参加。写真はイギリスの著名な経済学者ケインズ（右）と談笑するハリー・ホワイト（左）

リー・パヴロフが著した『スノウ作戦』によると、ＮＫＧＢ（ＫＧＢの母体組織）は、アメリカの中枢部にいたソ連のスパイを使って、アメリカと日本を敵対させ開戦させたという。

そのソ連のスパイというのは、財務長官補佐官のハリー・ホワイトである。

ハリー・ホワイトは、かのハル・ノートの作成に重要な役割を果たしたとされる人物である。

ハリー・デクスター・ホワイトは、１８９２年にマサチューセッツ州ボストンでリトアニア系ユダヤ移民の家庭に生まれた。ホワイト一家は、ハリーが生まれる７年前に、帝政ロシアの迫害を逃れて渡米している。

ホワイトは高校を卒業後、一旦就職し、第一次世界大戦に従軍。帰還後にコロンビア大学とスタンフォード大学で経済学を学び、１９３５年にハーバード大学で博士号を取得している。

1934年、財務省に入り、金融調査官という官職についた。その後、1941年には財務次官補として、かのハル・ノートの草案作成に関わったとされている。

1942年、モーゲンソー財務長官の特別補佐官となり、財務省のナンバー2となる。

ホワイトは、モーゲンソー財務長官の信頼が厚く、モーゲンソーと二人三脚で、戦前戦後のアメリカ経済、ひいては国際経済の基本指針を作る。そして1944年、国際通貨基金（IMF）の設立を巡る議論が行われたブレトン・ウッズ会議にもアメリカ代表として参加していたのである。

しかし、1948年、下院非米活動委員会で共産主義者の告発（いわゆる赤狩り）が行われたとき、ホワイトも召集された。ソ連のスパイだと告発をされたのだ。

ホワイトはこの公聴会ではスパイ疑惑を否定したが、その直後に、ジギタリスの大量服用による

戦後、アメリカで赤狩りを主導したジョセフ・マッカーシー。政府関係者や軍人、芸能人など多くの人々が共産主義者として告発された。

心臓麻痺で死亡している。ホワイトは心臓に持病を抱えていたので病死とされているが、自殺だという見方も根強い。

この公聴会では、ホワイトが本当にソ連のスパイだったかどうかは明確にならなかった。ホワイトのソ連のスパイ説の真偽は長い間謎とされてきたが、「VENONA文書」によってホワイトが「ジュリスト」「リチャード」というコードネームを持つソ連のスパイであったことが公にされたのである。

にわかには信じられないことだが、日米開戦のきっかけとなった文書を草案したのは、ソ連のスパイだったということになる。

第五章

太平洋戦争にまつわる大誤解

1

【快進撃で落としどころを見誤った日本軍】

「南京陥落」は日米開戦の分岐点だった

●南京があっけなく陥落したため戦争が長引く

昭和12（1937）年7月、日本は盧溝橋事件をきっかけに中国との全面戦争に突入する。戦局は当初、日本軍有利で進んだが、日本の権益拡大を憂慮するアメリカ、イギリスなどが蒋介石を強力に支援。戦争は長期化し、結局、太平洋戦争の終戦まで続けられることになった。

歴史に「もしも」はないが、すぐに停戦していたとしたら、その後の太平洋戦争はなかったかもしれない。中国との戦争がなければ、日本はフランス領インドシナに軍を進駐させる必要はなかったし、アメリカによる石油の全面禁輸措置も受けなかっただろうからだ。

なぜ、日本は中国と全面戦争をしてしまったのか。

その理由を日本の大陸的野心に求める見方もある。満州だけでは満足できなかった日本が、その権益を拡大するために全面戦争に持ち込んだという見方である。

たしかに関東軍は、中国北部を中国国民政府から分離させようとしていた。しかし、日本自体は中国と全面戦争をする気はなく、当初は早期に講和しようと考えていたのである。盧溝橋事件の直後、第二次上海事変が起きる。中国軍が上海の日本人租界を包囲し、空爆を実行、上海租界では民間人を中心に数千人もの死傷者が出た。近衛内閣はただちに軍を派遣し、中国軍との戦闘が開始された。

この第二次上海事変には、日本軍と中国軍はかなりの兵力を投じていた。だが、日本政府としては戦線を拡大するつもりはなく、あくまで上海の中国軍を追い払ったら戦いをやめるつもりだった。

「第二次上海事変」で反撃に転じる日本海軍の陸戦隊。爆撃によって建物が大きく破壊されていることがわかる。

装備や兵力に勝る日本軍は、上海租界の中国軍を即座に駆逐。それを見た中国国民政府は、上海の進駐軍を撤退させ、首都を南京から重慶に遷都することを発表する。南京は上海から目と鼻の先にあるので、日本軍の攻撃に曝されるかもしれないということである。

これを知った日本軍の中支那《なかしな》方面軍は、独断で南京の攻略を開始する。

中支那方面軍としては「南京からは兵が撤退しつつあるのだから、ここを攻めない手はない」「一気に首都を陥落させ、中国を降伏させよう」という狙いがあったのだろう。日本の大本営は「命令逸脱だ」として、攻撃中止を指示した。しかし、中支那方面軍はそれを聞かず、南京に向けて進軍を開始する。そして攻撃開始からわずか3週間後の昭和12（1937）年12月に、南京を陥落させてしまうのだ。

この南京陥落が、日本を泥沼の戦争に引きずり込むことになった。

遷都が発表されていたとはいえ、南京には多くの政治機能が残されており、まだ事実上の首都だった。それをたった3週間で攻略したのだ。日本国民はこの勝利に湧き立ち、中支那方面軍の命令違反はうやむやにされてしまう。

実はこの直前まで日本は、ドイツ駐中国大使のトラウトマンを介して、蔣介石と和平交渉を行っていた。日本が提示した条件は、華北での若干の権益強化こそ求めていたものの、満州国の承認を求めないなど比較的穏やかな内容で、蔣介石も受け入れを検討し始めていた。

ところが、近衛内閣は南京陥落を受けて自分たちが出した条件を撤回する。そして、新たに満州国の承認や賠償金の要求などを盛り込んだ、厳しい講和条件を提示するのである。日本国民の間では、南京を陥落させたことで「領土の割譲や賠償金をもらうのが当然」という声が上がっていた。近衛内閣は以前の条件では国民を納得させられないと考えたのだろう。

だが、中国がそんな敗戦国のような条件をのむはずがない。

もう少しで実現できた日中和平交渉は、この近衛内閣の心変わりで完全に頓挫した。そして、単なる局地戦に過ぎなかった戦いは、全面戦争へと拡大していったのである。

機関銃を構える中国国民党軍（武漢）

●「東亜新秩序」に英米が反発

日本の失敗はその後も続く。

南京陥落以降も日本軍の勢いはとどまるところを知らず、昭和13（1938）年12月には、中国国民政府の重要な拠点だった、武漢と広東も攻略

同盟ニュース

濁流渦巻く水禍の中に
皇軍必死の救助作業續く

非人道極る黄河堤防決潰による水禍は皇軍勇士の必死の努力にも係らず家を奪はれ、食を奪はれ、或は生命さへ奪はるもの約十萬慘憺たる阿鼻叫喚の巷活地獄と化しつゝあり、我が皇軍の適切なる救濟處置に支那良民を敵とせずとの心情を眼のあたり見た土民達は感謝の瞳を以て皇軍に協力してゐる・寫眞は水魔と戰ふ皇軍勇士.

中国は日本軍足止めのために、黄河決壊作戦を実行。大洪水が発生し、多くの民衆が犠牲になった。画像は日本軍の救助の様子を伝える当時の記事。

する。

ここで近衛内閣は完全に舞い上がってしまう。

日中戦争は軍部に引きずられるようにして始まった戦争だった。本来ならば政府はそれに歯止めをかけなければならないはずが、連戦連勝に狂喜してしまったのである。

そして近衛内閣は、世界に向けて重大な発表を行う。

いわゆる「東亜新秩序」の宣言である。

「蒋介石の国民党政府は、すでに地方の一政権に過ぎず、それに代わって日本が東アジア（中国）の永遠の安定を目指して新秩序を建設する」

ということである。

アメリカはその行動は「九カ国条約」に

反するものだとして厳重に抗議した。

すると、日本は次のような回答をした。

「今、東アジア（中国）の状況は大きく変わり、以前の原則では東アジアの平和は保てない」

つまり日本は、アメリカやイギリスなどと結んできた中国に関する協定を、すべて反古にしたのである。そして、東アジアでは日本が中心になって新しい秩序を建設すると宣言したのだ。これは言うなれば、満州国を中国全土に広げようというようなものだった。

これには、英米などの西欧諸国が猛反発した。

満州国の建国だけでも気に入らないのに、それが中国全土に広がるかもしれないのだ。英米は、日本に対して直接の攻撃は加えないものの、蒋介石への積極的な支援を展開した。

そして、アメリカは東亜新秩序声明があった翌年の昭和14（1939）年、日本との通商条約破棄を通告するのだ。

2 軍部は当初の目標をすべて達成していた

【開戦後わずか半年の間に東南アジアの多くを占領】

●目標を実現していた日本軍

太平洋戦争は、無謀な戦いだったと言われる。

だが、首脳部はやぶれかぶれで、闇雲に開戦を決断したわけではない。

日米開戦にあたって、陸海軍はそれぞれ目標を設定していた。実は、陸海軍は短期間のうちに、それぞれの作戦内容をほぼ100パーセント達成しているのである。

太平洋戦争の直前、大本営は「対米英蘭蒋戦争終末促進に関する腹案」を策定している。その中で、陸軍は香港、タイ、ビルマの一部、マレー、シンガポール、スマトラ、ジャワ、ティモール、ビスマルク諸島（ラバウルなど）、モルッカ諸島、セレベス、ボルネオ、フィリピン、グアムを占領することになっていた。

これらの占領計画は、開戦後半年の間にほぼ達成されている。

海軍は「イギリスの東洋艦隊の撃滅、アメリカのハワイ主力艦隊の減殺、西太平洋の制

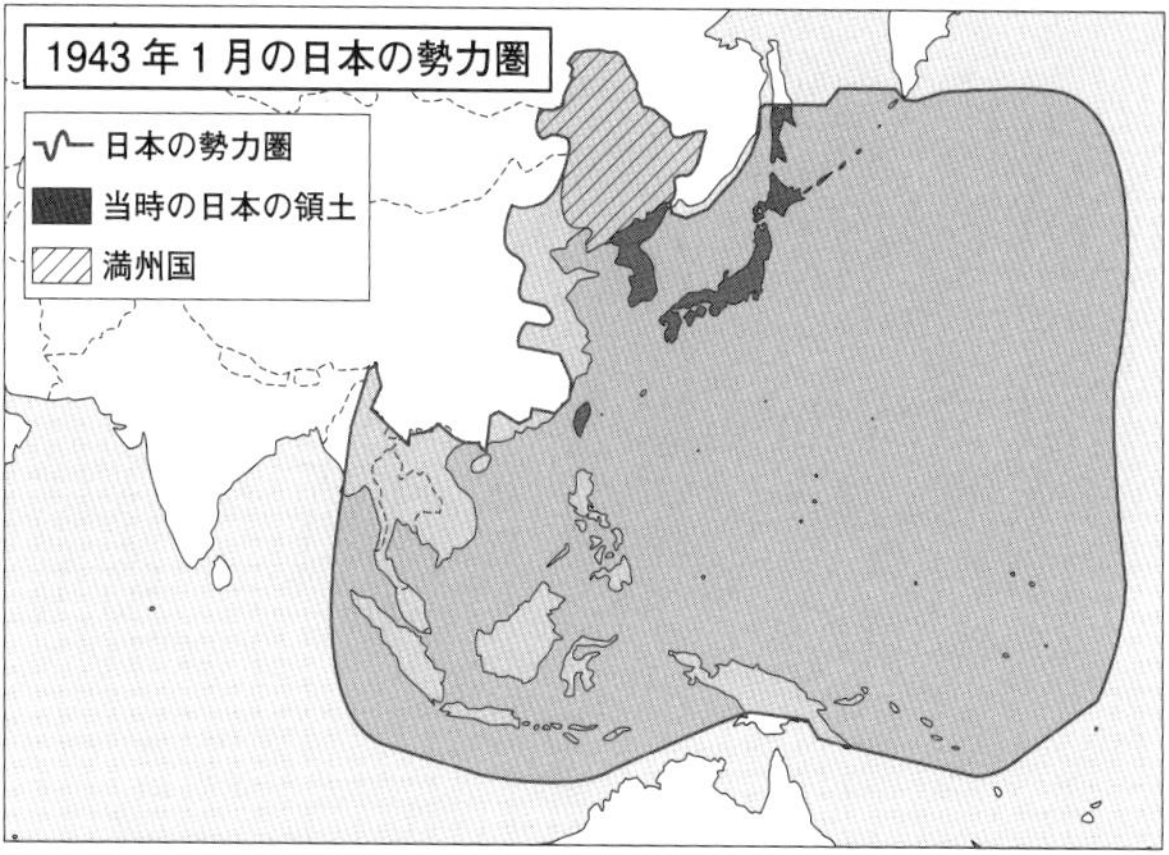

日本軍の勢力圏。開戦後1年で日本軍は北はアリューシャン列島、南はニューギニアまでの広大な勢力圏を築き上げた。

海権、制空権の確保」という目標を立てていた。

これらも開戦直後にほぼ達成している。とりわけ開戦3日目の昭和16（1941）年12月10日に、マレー沖でイギリス東洋艦隊の旗艦プリンス・オブ・ウェールズと巡洋戦艦レパルスを撃沈したのは目標以上の大戦果だった。点数をつけるなら100点以上だったと言えるだろう。

●決められていなかったその後

快進撃を続けた日本軍は上図のように、開戦後わずか半年程度の間に、太平洋に大勢力圏を築き上げた。

だが、日本軍にはその後の一手がなかった。軍部は当初の作戦を達成した後のこと

1941 年の「モスクワの戦い」で、モスクワ周辺に展開するドイツ兵。ソ連の圧倒的な冬の寒さは、ドイツ軍の戦意を奪っていった。

を、ほとんど考えていなかったのである。

「対米英蘭蒋戦争終末促進に関する腹案」では、「日独伊三国協力してまず英の屈伏」を図り、それと同時に日独伊は協力し「米の戦意を喪失せしむるに勉む」としていた。

大本営は、連合軍の弱点がイギリスにあるとにらんでいた。イギリスはすでにヨーロッパでドイツと激しい戦争をしており、かなり苦戦していた。このまま、ヨーロッパと太平洋の二方向から追い込めば、イギリスを降伏させることができるだろうと考えていたのだ。

一方、アメリカに対しては、最初から降伏させるつもりがなかったことがうかがえる。

しかし、日本がアメリカに宣戦布告した時には、頼みの綱のドイツ、イタリアの勢いはなくなっていた。

ドイツは日本軍が真珠湾を攻撃する前に、東部戦線でモスクワ攻略に失敗。その後は東部戦線と西部戦線の二方面から激しい反攻にさらされていた。イタリアにいたっては昭和18（1943）年9月に降伏する。完全にあてが外れてしまったのである。

日露戦争では、戦況有利なうちに第三国に依頼して講和を結ぶ、という明確な「落としどころ」を設けていた。その第三国には当初からアメリカを想定しており、開戦してからずっと外交努力を続けていた。

しかし、太平洋戦争には、その明確な「落としどころ」がなかったのだ。

3

【戦局の転換期はミッドウェー海戦ではない】

日本軍は昭和19年まで勝っていた!?

●太平洋戦争はミッドウェー開戦後も勝っていた?

太平洋戦争は、開戦半年後のミッドウェー海戦で劣勢に回ったと言われる。

昭和17（1942）年6月、日本海軍はハワイ攻略の前段階として、アメリカ軍の機動部隊を殲滅するために、南雲《なぐも》艦隊をミッドウェー島に向かわせる。しかし、アメリカ軍は日本海軍の暗号を解読することによって、事前にその作戦を察知。それまで連戦連勝だった南雲艦隊はこの海戦で初めて敗北し、主力空母4隻を失うという大敗を喫した。

ミッドウェー海戦での損害は大きく、日本軍はその後の作戦で大きな制約を受けることになった。だが、この海戦の敗北をもって日米の戦況がただちに逆転したわけではない。

戦争の本質は、「どちらが支配地域を増やしたか」ということになる。

日本軍は、ミッドウェー海戦後にもアメリカのアッツ島やキスカ島、フィリピン全土を占領するなど、支配地域を増やしている。ミッドウェー海戦に敗れたからといって、支配地域を失ったわけではない。日本軍が守勢に回ったわけではないのである。

●支配地域を失った「ガダルカナル島の戦い」

日本が支配地域を初めて本格的に失った「ガダルカナル島の戦い」。この戦いで日本軍は２万2000人を超える戦死者を出した。

日本が支配地域を失ったのは、昭和18年2月のガダルカナル島の陥落が初めてである。

ガダルカナル島は、アメリカからオーストラリアへの救援物資ルートを遮断するための要衝であり、日本軍は滑走路などを作っていた。

しかし、同年8月、アメリカ軍が圧倒的な兵力で攻めこんでくる。日本軍はごく少数の兵力しか備えていなかったこともあり、アメリカ軍はすぐさま島を占領。その後、日本は奪還を目指して三度攻撃を加えたが、いずれもアメリカ軍に撃退され、昭和18年2月に撤退することになった。

このガダルカナル島の陥落も、太平洋戦争の転機として語られることが多い。だが、ガダルカナル島は戦争が始まってから、日本が新たに手にした支配地域だった。「どちらが支配地域を増やしたか」という意味では、まだ日本は優勢だったのである。

では、日本が初めて〝戦前から〟持つ支配地域を失ったのはいつだったのか。

それは、ガダルカナル島の戦いから約1年後のクェゼリン島の陥落である。

●日米の戦局が逆転した「クェゼリン島の陥落」

クェゼリン島は、ハワイの南西3900キロにあるクェゼリン環礁の小さな島である。

この島はもともとドイツの植民地だったが、第一次世界大戦で日本が占領。戦後に委任統治領として日本の管理下に置かれることになった。

日本軍は、クェゼリン島に第六根拠地隊司令部を設置する。第六根拠地隊とはマーシャル諸島を守る海軍の陸上部隊のことである。クェゼリン環礁は周辺海域の守りの要だったのだ。

クェゼリン環礁には、8000名近くの日本兵がいた。しかし、日本軍はアメリカ軍が攻撃してくるとは予想しておらず、その多くが航空部隊の地上員や陸軍の作業部隊などで、戦力は不十分だった。

昭和19（1944）年1月上旬、アメリカ軍はクェゼリン環礁に空爆を行い、1月30日に侵攻作戦を開始する。アメリカ軍の総数は約4万。日本軍はほぼ壊滅させられ、侵攻開始から8日後の2月7日に、アメリカはクェゼリン環礁を占領した。

この敗北によって、日本は初めて開戦前に持っていた領地を失った。この瞬間に、日本は〝戦争に負け始めた〟のである。

クェゼリン環礁の陥落は、開戦から2年後である。この頃にはすでにアメリカを中心とする連合軍は物量で日本を圧倒しており、日本軍はクェゼリンの戦い以降、せきを切ったように敗北を繰り返すようになる。

山本五十六は戦前、近衛文麿に尋ねられて「1、2年は暴れてみせる」と言っていたが、戦況はその予言の通りに動いていたことになる。

国力に劣る日本としては、その2年のうちになんとしても戦争を終わらせておかねばならなかった。クェゼリン環礁の陥落は、日本が戦

日本が初めて「開戦前」の支配地域を失ったクェゼリンの戦い。圧倒的なアメリカ軍の兵力を前に、日本軍の守備隊は玉砕している。

争に負け始めたことを示す重要な出来事だった。その時点で講和に動いていれば、勝つことは無理でも、被害を抑えて戦争を終結させることができたかもしれない。それを逃したことが大敗の原因だったのである。

4

【連合軍を恐怖させた伝説の戦闘機】

米軍も気づかなかったゼロ戦の超技術

●実は高度だった日本軍の科学力

日本軍は、精神論ばかりをもてはやし、科学技術を無視していたなどと言われることがある。太平洋戦争の敗因も〝科学力の差〟だったとされることが多い。

しかし、それは誤解である。

たしかに、日本軍の装備はアメリカなどに比べると劣っている面はあった。たとえば、陸上兵器の戦車は、あまり必要性を認めていなかったために、アメリカやドイツ、イギリス、ソ連などに比べるとはるかに性能が劣っていた。

しかし、その一方では、日本軍には欧米をしのぐ優れた兵器もあった。

経済的な制約があった日本は、強力な軍隊を作り上げるために、限られた軍事費を効率的に使っていた。物量では絶対にかなわないので、質でカバーしようとしていたのだ。

日本軍は明治時代から兵器の開発に貪欲に取り組んでおり、世界で新しい兵器が誕生す

当時の日本の科学力を示す兵器のひとつ「九三式魚雷」。世界に先駆けて実用化に成功した酸素魚雷で、きわめて優れた性能があった。

ると真っ先にそれを研究していた。

近代潜水艦は明治33（1900）年にイギリス人によって発明されたが、日本軍は早くもその5年後に採用している。航空機の導入も早く、ライト兄弟の飛行機発明（1903年）の7年後には日本陸軍の徳川大尉がテストフライトを成功させ、太平洋戦争時には世界レベルの航空大国になっていた。

日本の航空技術の高さは、戦後の連合軍の占領政策を見ればよくわかる。

GHQは日本の航空産業を全面的に廃止し、軍用機はもちろん、民間機の製造さえ一切禁止し、大学での研究すら許さないという徹底ぶりだった。この航空産業の禁止は7年間に及んだ。それだけ日本の航空技術を恐れていたということである。

●日本の航空技術の結晶「ゼロ戦」

日本海軍が誇るゼロ戦（零式艦上戦闘機）。高い戦闘力と優れた設計を持つゼロ戦は、第二次世界大戦期を代表する傑作機だった。

戦前の日本の航空技術は、当時、欧米の粗悪なコピーだと思われていた。
しかし、そうした考えを一挙に改めさせる機体が登場する。
それが、日本の航空技術の粋を集めた「ゼロ戦（零式艦上戦闘機）」である。

ゼロ戦が初めて戦場にその姿を現したのは、昭和15（1940）年。中国戦線に投入され、わずか13機で敵軍の27機をすべて撃ち落としてしまった。あまりに驚異的な性能があったため、欧米の軍事専門家は当初、その存在を信じないほどだった。

ゼロ戦には2つの優れた特長があった。

一つは、戦闘機としては驚異的な航続距離があったこと、そしてもう一つは優れた空戦性能があったことである。

航続距離と空戦性能は、本来、相反するものである。

空戦性能を上げるためには、機体はできるだけ軽くする必要がある。だが、航続距離を伸ばすには、より多くの燃料を積まなければならないため、結果的に機体は重くなる。

また、航続距離を伸ばすにはエンジンの燃費も重要だが、空戦性能を重視するとエンジンの馬力を上げざるを得ず、燃費は低下する。空戦性能と航続距離の両方を成り立たせるのは、不可能に近いことだったのだ。

しかし、ゼロ戦の場合、この相反する性能を、どちらも世界最高水準に高めていたのである。まったく当時の常識では考えられない戦闘機だった。

●落下式燃料タンク、超々ジュラルミン…

空戦性能と航続距離を備えるために、ゼロ戦には画期的な数々の工夫が施してあった。その代表的なものとしてよく挙げられるのが、「落下式燃料タンク」である。

落下式燃料タンクは、いわば使い捨ての外付け燃料缶で、増槽《ぞうそう》と呼ばれていた。長距離を航行する際はこの増槽を取り付け、往路はその燃料を使う。そして目的地に近づいたら切り離し、身軽になって戦闘をするのである。

ゼロ戦のエンジンはそもそも燃費が良く、機体の燃料タンクだけでも2222キロ飛ぶことができた。増槽を取り付ければ、その航続距離は3502キロにまで達した。当時の欧米の戦闘機の平均航続距離は、その半分にも満たなかった。いかにゼロ戦の航続距離が長かったかということである。

また、機体の重量を減らすためにゼロ戦の翼には新開発の金属「超々ジュラルミン」が使われていた。超々ジュラルミンは昭和11（1936）年に住友金属の五十嵐勇博士が発明したもので、従来の機体に使われていた金属よりも強く、しかも33％も軽かった。超々ジュラルミンは、ゼロ戦の主翼の一部に用いられ、30キロの軽量化を実現している。

さらにゼロ戦は、空気抵抗をより少なくするために沈頭鋲を採用していた。沈頭鋲というのは、「頭の出ていないリベット」である。

航空機の組み立てには、リベットという強度の強いネジを使用していた。このリベットには非常に小さな頭があり、わずかな空気抵抗が生じていた。そこで日本軍は、ドイツの航空会社の技術を応用して、逆三角形の平らな頭をした沈頭鋲を開発。機体表面を平らにし、空気抵抗を減らすことに成功したのだ。

ゼロ戦は、エンジンもまた優れていた。ゼロ戦に搭載されたのは中島飛行機製のエンジン「栄12型」である。中島飛行機は、当時、キャブレター（気化器）の技術にかけては世界最高レベルにあり、ゼロ戦のキャブレターは、飛行機がどんな状態でも安定して燃料を供給できた。

そのため、ゼロ戦はその能力を常に最大限使うことができ、空中戦で圧倒的な強さを示したのである。

●アメリカ軍も気がつかなかった工夫

ゼロ戦は、ドッグファイト（戦闘機同士の戦い）で抜群の強さを誇った。

その強さも機体に込められた様々な工夫がもたらしたものである。

ゼロ戦のコックピットは機体から浮き出た計上をしており、パイロットは360度を見渡せる設計になっている。これまでの戦闘機は、コックピットを胴体の一部に組み込んでいたため、パイロットの視界は前方180度しかなかった。

ドッグファイトは、いかに敵に後ろをとらせないかということが重要なポイントになる。敵が背後に忍び寄ってきた場合は、できるだけ早くそれを見つけ、逃げ出さなければならない。通常の戦闘機は背後が見えないため、後ろに回られたら撃たれるまで気づかないことが多い。

しかし、ゼロ戦の場合は、パイロットの視界が360度確保されているため、後ろの敵機を容易に見つけることができた。ゼロ戦はこの視界の広さで敵に背後を取らせず、また抜群の旋回能力で容易に敵の背後をついたために、ドッグファイトで無敵を誇ったわけである。

機体に小回りを利かせるために、ゼロ戦は小型戦闘機では初となる、引き込み式の主脚も採用していた。主脚を出した状態で飛行すれば、空気抵抗が増す。しかし、主脚を引き込むためには、その分のスペースを作らねばならないため、機体が大型化してしまう。だが、ゼロ戦は大きな主翼に主脚を引き込むことで、その問題を解決したのである。

1940 年代にアメリカで描かれた水彩画。ゼロ戦とアメリカ海軍のF6F ヘルキャットがドッグファイトを繰り広げている様子を描いている。

ゼロ戦に込められたこれらの工夫は、大戦中に機体を鹵獲《ろかく》したアメリカ軍を大いに驚かせた。アメリカ軍は機体を徹底的に研究し、ゼロ戦の強さの工夫は知られるところになった。

しかし、ゼロ戦にはまだ、アメリカ軍も気づかなかった工夫が込められていた。

それが「翼端ねじり下げ」である。

翼端ねじり下げとは、主翼がねじれた構造のことを言う。ゼロ戦の主翼は胴体から

輸送される「アクタン・ゼロ」。このゼロ戦は、大戦中、アメリカにとってもっとも有益な鹵獲物だったと言われている。

先端に進むにしたがって、主翼の前部が下を向くようにわずかにねじれていた。このねじれによってゼロ戦は高い旋回性能を得ることができたのだ。

このねじれは最大でも2・5度しかなく、一見しただけではわからないものだった。そのため、アメリカ軍は戦時中その構造に気づかず、戦後になってようやく秘密を知ったという。

ゼロ戦には、油圧装置を軽くするために主脚の引き込みを片方ずつにする、尾輪まで収納できるようにする、など細部に至るまで丁寧な設計がなされていた。アメリカ軍の想像を超えた技術が盛り込まれたゼロ戦は、日本の科学技術の高さを証明するものでもあったのである。

5

日本国民は戦艦大和のことを知らなかった

【軍部の中でもその存在が隠された巨大戦艦】

●国民は戦艦大和の存在を知らなかった

戦艦大和というと、大日本帝国が国力を結集して製造した超弩級《どきゅう》戦艦であり、旧日本海軍のシンボル的存在である。

世界的にヒットしたテレビ・アニメ「宇宙戦艦ヤマト」など、戦艦大和をモチーフにした小説や映画も多々ある。

太平洋戦争というと、戦艦大和をイメージする人も多いのではないだろうか？

しかし、実は戦艦大和というのは、戦後に有名になった戦艦であり、戦前の国民のほとんどは戦艦大和の存在を知らなかったのである。

今となっては信じがたいことだが、戦艦大和が話題に上るようになったのは戦後のことであり、戦前の国民のほとんどは、「大和」という戦艦があることさえ知らなかったのである。

なぜ、国民は戦艦大和を知らなかったのか?

「世界一の主砲を持つ戦艦」

の存在は、日本にとって重要機密だった。

そのため、この超巨大戦艦の建造計画は、最高の国家機密とされたのである。だから戦艦大和の存在は、国民にも知らされることはなかったのだ。

戦艦大和の秘匿は徹底されていた。

建造中は1号艦と呼ばれ、完成後に「大和」と命名されたが、それが一般に流布されることはなかった。

大和の進水式のときには、当初は天皇が臨御《りんぎょ》される予定になっていたが、秘密保持のために直前で中止になり、わずか1000名の関係者が見守るだけだったという(「戦艦大和・上」児島襄著/文芸春秋)。

排水量などの大和の詳細データは、大和の乗組員にさえ秘密にされていた。もちろん幹部は知っていたが、乗組員のほとんどが知らなかったのである。大和が巨大であることは、乗組員たちにはわかっている。しかし、具体的にどの程度の大きさかということは決して教えられなかったのだ。

大和の写真も、戦前はまったく公開されていなかった。また当時、軍港で写真を撮るこ

昭和16（1941）年、広島県の呉海軍工廠で整備中の戦艦大和

とは厳禁とされており、一般の人が大和の映像を目にすることは皆無だったのだ。

我々が目にしている大和の写真はすべて戦後に公開されたものだった。アメリカ軍も大和の情報をほとんど得ておらず、その全貌を知ったのは戦後、海軍の記録を押収してからのことであるという（「戦艦大和の運命」ラッセル・スパー著・左近允尚敏訳／新潮社）。

戦時中に、一般販売された雑誌や新聞、書籍にも、戦艦大和の文字はない。

たとえば、戦時中の『朝日年鑑』には、日本の保有する軍艦として金剛、比叡、榛名、霧島、扶桑、山城、伊勢、日向、長門、陸奥の十隻しか記載されていない。

「新鋭戦艦が艦隊に入っている」

ということは、軍の一部で発表されていたが、それがどういう戦艦で、名前は大和という ことなどは、一切、報じられてこなかった。だから国民のほとんどは、日本海軍で最強の戦艦は、長門だと思っていたのである。

大和が有名になるのは、占領軍の報道統制が解除され、太平洋戦争の詳細が語られるようになってからのことなのである。

●大和は税金の無駄遣いではなかった

戦艦大和は、税金無駄遣いの代名詞として使われることもある。

巨額の税金を使って建造したにもかかわらず、ほとんど役に立たなかったからである。

「経済的に豊かでない日本が、戦艦大和のような巨艦をつくることは身の程知らず」「無駄なことに巨額の金を投じたから日本は戦争に負けた」

というような言い方をされることもある。

しかし、実は戦艦大和というのは、軍事費を削減するための切り札としてつくられたものなのである。

戦前、日本とアメリカ、イギリスは、いわゆるワシントン海軍軍縮条約によって、主力艦の保有数が制限されていた。その割合は「3：5：5」である。

航行中の戦艦大和。総工費１億3800万円は、当時の日本のGDPの約１％にもなった。

このワシントン海軍軍縮条約は、日本の主力艦保持の権利を制限しており、日本に不利のように見えるが、実際はそうではなかった。当時、日本と欧米の経済力には大きな差があった。特にアメリカとの間には、国民総生産で10倍以上も違い、大人と子供以上の差があった。

だから、ワシントン海軍軍縮条約の保有制限というのは、実は日本に利する部分が大きかったのだ。日本の３に対して、アメリカが５以上を保有することはできなかったからだ。アメリカは、太平洋と大西洋に面しているため、艦隊を２つに分けなくてはならない。アメリカは５を二つに分けなくてはならないので、日本の方が優勢になる可能性があったのである。

しかし、昭和11年にワシントン海軍軍縮条約が失効してしまう。となると、日本は自由な建艦競争にさらされてしまうことになった。

経済力で劣る日本としては、なるべく効果的な建艦をしたい。

そこで、多くの艦船を作るよりも、圧倒的に強大な戦艦を少数作ろう、という方針を採ったのである。そして、当時のスケールをはるかに超える戦艦の建造をはじめた。それが、大和であり、武蔵だったのだ。

戦艦大和が役に立たないということは、第二次大戦で海戦の主役が航空機に代わったことを知っている後世の人だから知っていることであり、当時の人々にとっては、海戦の主役はあくまで戦艦だった。戦艦をたくさん建造できない日本は、相手より大きく射程距離の長い戦艦を少数持つことで、対抗しようとしたわけである。つまり、経費削減のためにつくられた戦艦だったのである。

●アメリカはなぜ巨大戦艦をつくらなかったのか？

ご存知のように大和は世界一巨大な戦艦だった。

大和の主砲は46センチ砲であり、当時世界最大とされているアメリカのアイオワ級戦艦の主砲40・6センチをしのいでいた。

戦艦同士の戦いは、主砲の大きさが勝敗を分けるとされており、大和はまさに世界一の

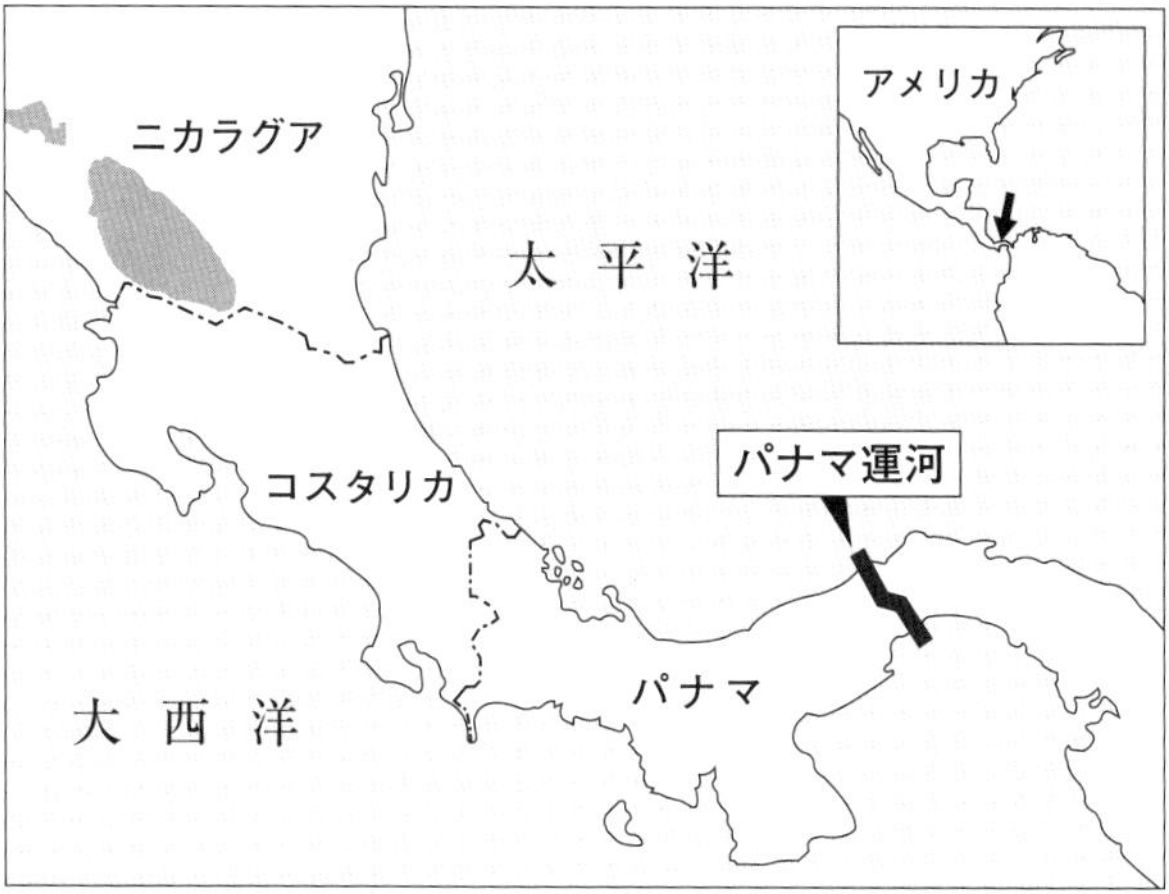

パナマ運河。太平洋と大西洋をつなぐ、アメリカの海の大動脈である。太平洋と大西洋を隔てていたパナマ地峡を削岩し、開通した。

戦艦だったのである。

が、なぜアメリカは大和のような巨大戦艦を作らなかったのか？

当時のアメリカが航空機時代の到来を見越して、巨艦をつくるのはやめていたのか、というとそうではない。航空機時代を見通していたのは、むしろ日本の方であり、太平洋戦争開戦時の太平洋地域での空母の数は日本の方が多かったのである。

アメリカが、大和のような巨大戦艦をつくらなかったのは、ある事情によるものである。

それは「パナマ運河」の幅である。

アメリカの国土は太平洋と大西洋という2つの巨大な海洋に面している。戦艦

1920年代のパナマ運河。大和級の戦艦が通れる幅がなかった。

をつくろうとすれば、どちらか一方ではなく、両洋で動かせるものを建造しなければならなかった。いくら資源大国のアメリカとはいえ、片方の海洋にのみ特化した戦艦をつくる余裕はなかったのだ。

だが、そうなるとアメリカは戦艦建造で制約を受けることになった。パナマ運河は1914年にアメリカが開通させた、太平洋と大西洋をつなぐ海の回廊であり、アメリカの戦艦はパナマ運河を通して両洋を行き来していた。

しかし、パナマ運河の閘門《こうもん》は33メートルの幅しかなかった。それより船体の幅が広いと、運河を通れなくなってしまうのだ。そのため、アメリカは必然的に船体幅33メートル以下の軍艦しか建造できなかった。

これは逆に言えば、日本が船体幅33メートル以上の戦艦をつくれば、アメリカを上回れることになる。それで、大和は39メートルの船幅に設計されたのである。

大和は、戦艦同士の戦いには絶対に負けない、という想定のもとにつくられたものであり、太平洋戦争以前の戦争で言えば、それが海戦に勝つ最良の手段だった。しかし残念ながら、太平洋戦争中、日米での戦艦同士の直接戦闘は一度も行われていない。

戦艦同士が遭遇する以前に、どちらかの航空機が戦艦を発見するために、悠長に戦艦同士が砲を撃ち合うことはなかったのだ。戦艦の敵は戦艦ではなく、航空機になってしまっていたのである。

6 なぜ戦艦大和は無謀な特攻作戦を行ったか？

【一億総特攻のさきがけとなった巨大戦艦】

●なぜ大和は無謀な特攻作戦を行ったのか？

戦艦大和は、昭和20（１９４５）年4月6日、沖縄に向けて出撃する。

この大和の沖縄作戦は、水上特攻とも呼ばれるもので、援護する航空機を一機もつけないという無謀なものだった。すでに沖縄周辺の制空権は、アメリカに握られており、援護する航空機がないということは、自殺行為に等しかった。

しかも、大和がこの作戦を行っても、戦果はほとんど見込めなかった。

まず沖縄にたどり着く可能性が非常に低かったのだ。

特攻機ならば敵の目をかいくぐることもできたが、大和のような巨大な戦艦が、敵に見つからずに目的地まで到達するのは不可能だった。必ず、途上で、敵機の襲来を受けるはずだった。そして優勢な敵機の襲来を受ければ、沈没は免れない。

当時、すでに日本海軍は壊滅状態であり、大和のほかにはまともに稼働できる戦艦はなく、軽巡洋艦と駆逐艦、潜水艦それに載せる艦載機がない空母がわずかに残っているだけだった。

もし大和が沈んでしまうと、日本軍の士気は大きく下がるはずである。なにも大和に特攻させなくてもいいのではないか。司令長官の伊藤整一《せいいち》も、大和の特攻作戦には大反対をした。

大和は昭和19年10月のレイテ沖海戦にも参加。アメリカ軍の空襲を受ける中、100発以上主砲を発射し反撃した。

●大和を特攻に向かわせた「事情」

しかし、当時の日本軍には、大和を特攻させなければならない事情があった。

多くの若者が特攻隊で命を落としている中、大和だけが温存されていることは、海軍内外で不都合でもあったのだ。沖縄での航空機による特攻作戦の報告を受けた昭和天皇も、「特攻は航空機だけなのか」と下問したという。

また、大和は海軍の象徴的な存在であっただ

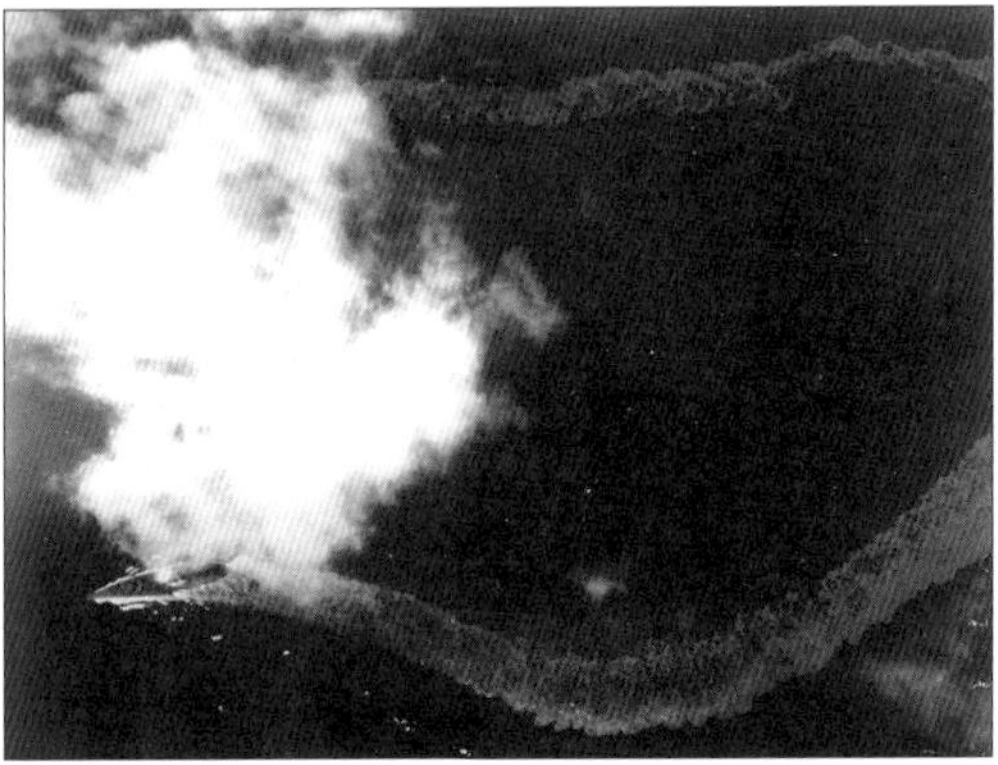

昭和20年4月7日、沖縄に向かう途中の坊ノ岬沖で敵軍と遭遇した戦艦大和。連合軍の空襲を避けるために蛇行している。

けに、批判の的にもなっていた。

海軍の艦船では、将官用の食事が非常に豪華だった。

なかでも大和は日本海軍最大の戦艦だったので、フランス料理のコースが出ることも珍しくなく、将官の食事中は軍楽隊が演奏するなど、豪華さもひとしおだった。准士官以上の居室には、冷房も完備されていた。

政府高官などが、要件があって大和を訪問した際には、その食事や設備の豪華さに目を丸くしたという。そして政府首脳の間では「大和ホテル」などと揶揄され、批判の対象となることも多々あったのだ。

当時、政府内の一部では、隠密裏に終戦の準備が始められていた。戦争を早く終わらせるためにも、大和を温存したままでは不都合だったのだ。

そのため、大和はほとんど戦果が見込めない沖縄特攻作戦に借りだされたのである。

●片道切符の特攻作戦

大和は多数の爆弾や魚雷の直撃を受け、ついに爆発沈没した。その爆煙は空高く上り、鹿児島からも確認できたという。

伊藤整一司令長官もそういう事情は察していたと思われ、最終的にはこの特攻作戦を了承した。だが、可能な限り犠牲者を少なくしようと努めた。

出航前の大和には、その年の3月に海軍兵学校を卒業したばかりの少尉候補生53人が乗っていた。彼らには出航の直前になって、下船命令が下っている。血気にはやっていた少尉候補生らはその命令に不満を示したというが、長時間にわたる説得の末、最後は命令に応じて船を下りていった。

また、大和以外でも第二艦隊全体で、病人や高齢の兵士、飛行科員などが下船を命じられ、任務から外されている。

戦艦大和が沈没した昭和20（1945）年4月

7日というのは、鈴木貫太郎内閣が発足した日でもあった。

鈴木貫太郎内閣は、終戦内閣とも言われ、戦争を終わらせるために組閣された内閣でもあった。鈴木貫太郎内閣の面々は、その日、内閣発足の記念写真を撮った直後に、大和沈没の報告を受けたという。

戦艦大和が特攻で散ったこの日は、日本が終戦に向かって動き出す象徴的な日となったのである。

7

【全滅を防ぐために行われたガダルカナル島の撤兵作戦】

実は「玉砕」を薦めていなかった日本軍

●日本軍の「玉砕」の真実

太平洋戦争では、日本兵たちは、敗勢になってからも、撤退することは許されず、前線で最後まで戦うことを強いられ、全滅していったというイメージがある。

しかも、日本軍はそれを「全滅」という言葉を使わずに「玉砕」という美句で誤魔化し、人命を軽視していた、というような言われ方をされることがよくある。

しかしこれは大きな誤解である。

日本軍は、決して玉砕を奨励していたわけではないのである。

太平洋戦争の中盤までは、劣勢となり、回復不可能となった地域では、撤退作戦を敢行していた。撤退作戦というのは、支援する部隊を派遣しなければならないために、かえって多大な損失を蒙《こうむ》ることもある。

それでも、日本軍は撤退作戦を行っていたのである。

ガダルカナル島の戦いで進軍するアメリカ軍部隊。日本軍の撤退作戦はアメリカ軍の猛攻を受けながら行われた。

たとえば、かのガダルカナル島の戦いでも、大規模な撤退作戦が行われている。

ガダルカナル島の戦いは、日本軍は食糧の補給もままならず、多数の餓死者を出した悲惨な戦いとして知られている。が、このガダルカナルにおいて、非常に大規模な撤退支援作戦が行われたことは、ほとんど知られていない。

ガダルカナルの撤退では、ソロモン地域の日本軍の航空兵力すべてと、連合艦隊の総力をかけて行われた。すでにガダルカナルでは、制海権、制空権をアメリカに握られており、駆逐艦や潜水艦での物資補給さえままならない状態で、米の入ったドラム缶を海岸に投下し、細々と食糧の補給を行っていたほどだった。そのために、ガダルカナル島の日本兵は、食糧不足に陥り、餓死者が続出していたのである。

そこに、撤退支援軍を派遣するのだから、大きな損害が予想された。すでに補給に赴いた駆逐艦や潜水艦などが多大な損害を受けていたのだ。

それでも、ガダルカナル島の守備隊を見殺しにはできないとして、撤退戦が決行されたのである。

ガダルカナル撤退戦においては、まず現地の司令部を説得しなければならなかった。

ガダルカナル島では、多大な人的損害を蒙っており、司令部としては「おめおめと撤退できない」という空気があった。しかも、撤退作戦をすれば支援部隊を危険にさらすことになり、これ以上、損害を増やすことはできない、という非常に日本人的な責任感を持っていた。

そのため、まず撤退を指示する「勅語」が用意された上で、現地司令部に厳重な撤退命令が下されたのである。現地司令部としても、「勅令」がでている以上は従わざるを得ないからだ。

●決死のガダルカナル撤退作戦

昭和18（1943）年2月、ガダルカナル撤退作戦が開始された。

撤退支援のために、歩兵第229連隊などが、ガダルカナル島に揚陸された。撤退は、3回に分けて行われ、第一次が2月1日、第二次が2月4日、第三次が2月7日である。

撤退作戦の前年、アメリカ軍の攻撃を受けて放棄された日本軍の戦時徴用船「九州丸」。弾薬などの補給物資や兵士を運んでいた。

そして撤退兵の収容のために駆逐艦11隻が派遣された。

当初、陸軍は海軍に対して、輸送船の派遣を要請したのだが、海軍側が輸送船では危険だとして、あえて駆逐艦を用意したのである。駆逐艦の方が安全なのは確かだが、もし失えば連合艦隊のダメージは大きい。ミッドウェー海戦で、主力空母を相次いで失っていた海軍としては、少しでも艦船を温存しておきたかったはずである。が、ガダルカナル島の戦いでは、海軍が建設した飛行場を守るために、陸軍が支援に向かったという経緯があり、海軍としては守備隊を助けるのは義務だと感じていたのである。

戦争において、もっとも困難なのは撤退戦だと言われている。撤退する際には、敵は嵩《かさ》にかかって攻撃してくる可能性が高いからである。また撤退軍は、我先に敗走しようとして、混乱してしまうことも多い。

しかし、ガダルカナルでは、日本軍は栄養失調で苦しみながらも、整然と撤兵を行った。全3回の撤退作戦はすべて成功し、動くことが可能な兵たちのほとんどは、駆逐艦に収容されたという。ただし、負傷したり栄養失調などで動けなくなっていた兵は、自決をしたケースも多かった。

ガダルカナルの戦いでは、投入兵力の3分の2を失うという損害ばかりが強調されるが、圧倒的な敗勢の中で、このような大規模な撤退戦を成功させたという事実もあったのである。

日本軍が太平洋の各地で「玉砕」するようになったのは、海軍が艦船の大半を失い、陸軍も支援部隊を派遣する余裕がなくなってきてからなのである。

それでも「玉砕」に関して、日本の首脳は決して良しとはしていなかった。

太平洋戦争で最初に「玉砕」したのは、アッツ島である。アッツ島の戦いは、島が狭小なこともあり、戦闘開始から17日でアメリカ軍に制圧されてしまった。そのため、撤退作戦を行う時間的余裕がほとんどなかったのだ。

この「アッツ島玉砕」の際、守備隊の司令部は、最後に「総攻撃をするので無線機を壊す」という電信を送った。その報告を受けた天皇は、「最後までよく戦った」という電信を打てと指示したという。もう守備隊は無線機を破壊しているにもかかわらず、である。かの東條英機もアッツ島の玉砕の報告を聞いた時には嗚咽したと言われている。

またアッツ島の玉砕を繰り返さないために、キスカ島では早々に撤退を決定したのである。キスカ島では、アメリカ軍が上陸する前に、５００名もの守備兵を隠密裏に整然と撤退させた。アメリカ軍はそれと気づかずに、散々空爆した上に大規模な上陸作戦を行ったのである。

有名なキスカ島の撤退には、こういう背景があったのだ。

8

【勝つ見込みのない時間稼ぎのための戦い】

「捨て石」にされた硫黄島と沖縄

●撤退も玉砕も許されない戦闘

決して玉砕を奨励していたわけではなかった日本軍だが、戦争の終盤になり、戦局が絶望的になってくると、南方の守備隊に対して、玉砕よりももっと悲惨な戦闘を強いることになる。

撤退支援をする余裕がなくなったばかりではなく、少しでも長くアメリカ軍を足止めさせるために、「捨て石」にするようになったのである。

つまり、「撤退どころか玉砕も許さない」ようになっていくのだ。

昭和19（1944）年7月のサイパン島の陥落以来、日本は本土が空襲を受けるようになった。「絶対国防圏」が、ついにアメリカに突破されてしまったのである。

このサイパン島の陥落の責任をとって、開戦以来、太平洋戦争を指導してきた東條内閣が退陣した。

ルソン島に上陸するアメリカ軍兵士。ルソン島には28万人の日本兵が展開していたが、戦闘死や飢え、病気などで20万人超が亡くなった。

日本は、これで和平に傾くかと言えば、そうではなかった。まとまりと指導力に欠けた政府は、戦争の終結を明確に打ち出すことはできず、ただアメリカの進軍を遅らせることだけが、当面の課題とされたのである。

そして、アメリカ軍を遅らせるために日本軍が採った戦術というのが、「捨て石」作戦なのである。これは、太平洋地域の守備隊にとにかく少しでも長く戦闘を続けさせる、というものだった。勝つ見込みはまったくなかったので、援軍も補給もろくにされなかった。フィリピンのルソン島などでは食糧の補給がなかったため餓死者が続出し、人肉食などの事例もあったという。

それでも彼らには降伏も撤退も玉砕も許されないのである。

特攻作戦は、航空機や潜水艇ばかりではなく、陸上でも行われていたということである。

●ペリリュー島、硫黄島、そして沖縄の悲劇

しかし、太平洋各地の守備隊は、自分たちが捨石だと知っていながら、少しでも長くアメリカ軍を引き留めるために、最大限の努力を行った。

ペリリューの戦いや硫黄島の戦い、沖縄戦などがそのいい例である。

太平洋戦争終盤の日本軍守備隊はこれまでの研究を元に、独特の戦法を編み出していた。正面衝突を避け、地下陣地を構築して地下に潜ってゲリラ戦を展開する方法を採り入れたのだ。

上陸部隊を水際で食い止めることに固執せず、艦砲射撃や空爆に耐えられるように、地下に陣地を築き、戦力を温存しておく。そして、アメリカ軍が上陸してきてから、本格的な攻撃を仕掛ける。それも正面衝突の激しい戦闘はなるべく避け、安易な銃剣突撃も行わず、ゲリラ的な戦いに徹する、という作戦である。

この作戦は、「ペリリューの戦い」から本格的に取り入れられたとされている。

アメリカ軍を苦しめた戦いというと「硫黄島の戦い」が有名だが、この硫黄島の戦いの前に、そのモデルとなったのが「ペリリュー島の戦い」なのである。

ペリリュー島守備隊は、厚さ2・5メートルのコンクリートの中に、大砲や機関銃を隠すなど、島内に強固な陣地を構築した。

ペリリューの戦いで、島内を進むアメリカ兵。アメリカ軍は上陸前に徹底的な空爆を行い、島の木々を焼き払った。

また洞窟などを利用して、島内を要塞化し、神出鬼没のゲリラ戦を繰り返して、アメリカ軍を散々苦しめたのだ。

ペリリュー島守備隊は1万の兵力しかなく、アメリカ軍はその3倍の兵力を有していた。また戦艦5隻、巡洋艦8隻を投入するなど、物量で圧倒していた。

アメリカ軍は当初2、3日でこの島を攻略するつもりだったが、2か月以上もかかってしまい、しかも死傷者の数はほぼ同数だった。

また日本軍は、司令官の中川州男大佐が自決した後も、一部の兵士がゲリラ戦を続行し、終戦2年後の昭和22（1947）年4月にようやく投降した。

ペリリュー島守備隊は、その戦闘ぶりが高く評価され、昭和天皇から嘉賞《かしょう》11度、感状《かんじょう》3度が与えられた。

このペリリュー島守備隊の戦法は、その後の日本軍の戦い方のモデルケースとなった。硫黄島やフィリピン、沖縄でもこの戦法が用いられ、アメリカ軍は多大な犠牲を強いられることになった。アメリカ軍の進軍計画は大きく遅れ、対日戦略をたびたび見直さなくてはならなかった。

日本軍は徹底したゲリラ戦を展開、米軍は多数の死傷者を出した。写真は戦いに疲れ、教誨師（きょうかいし）の話を聞くペリリューの米海兵隊員。

もちろん、これらのアメリカ軍引き留め作戦には、各島の守備隊の兵士や現地の人々の多大な犠牲があった。

日本が、本土侵攻される前に戦争を終え、戦後、ドイツのように分断されることがなかったのは、これらの犠牲があったからこそだともいえる。

沖縄戦では、本土決戦のさきがけとして、15歳から60歳までの住民は疎開を許されずに戦争協力に駆り出され、徴兵年齢の17歳から45歳の成人男子のほとんどは現地で軍に招集された。また徴兵年齢に満たない17歳未満の男子学生や女子学生なども、形式的には志願という体で戦闘要員として招集された。そして、ひめゆり部隊の悲劇で知られるように、多くの犠牲者を出すことになった。

沖縄戦で海軍側の司令官だった大田実《みのる》中将は、自決直前に司令部に送った電文で、「アメリカ軍の激しい攻撃で、陸海軍が県民を顧みる余裕がない中で、沖縄県民は苦難に耐えて必死に協力してくれた」とし、次の文で結んでいる。

「沖縄県民斯《か》く戦へり　県民に対し後世特別の御高配を賜《たまわ》らんことを」

（沖縄県民はこのように立派に戦った。後世には特別な配慮をしていただきたい）

9

【特攻の成功率1%は大きな誤解だった】

実は大戦果を挙げていた神風特別攻撃隊

●神風特攻隊は実は大戦果を挙げていた

戦争末期の昭和19（1944）年、戦況が著しく悪化していたため、海軍は爆弾を抱えて敵艦に突っ込むという悲劇的な作戦を立てた。

神風特攻隊である。

筆者は、この神風特攻という作戦について、肯定するつもりはまったくない。

生存の確率がまったくない「自爆攻撃」というのは、そもそも作戦とは言えないし、その結果、大勢の若者を犠牲にしてしまった。国や軍の首脳部は、そうなる前になぜ手を打たなかったのか、という非難は当然である。

しかし、この神風特攻隊については、誤解されている部分が多々ある。そのため、事実は事実として記していきたいと思う。

「神風特攻隊は、すでに時代遅れになったゼロ戦に250キロもの爆弾を積ませるという

昭和20（1945）年4月11日、戦艦「ミズーリ」に突入直前の神風特別攻撃隊のゼロ戦（左上）。連合軍は日本軍の特攻作戦に恐怖した。

ズサンな作戦であり、特攻機の多くは途中で敵戦闘機に迎撃されたり、艦船の対空砲火により撃墜され、効果はほとんどなかった」

というようなことが言われることが多い。「神風特攻の成功率は１％程度だった」などともされている。

これは、まったくの誤解である。

実は、神風特攻隊は、アメリカ軍を脅かすほどの大きな戦果を挙げていたのである。

●アメリカ軍の資料が語る「真実」

現在公開されているアメリカ海軍の機密文書によると、昭和19年10月から昭和20年3月までの間に、神風特攻を３５６回受け、命中した機は１４０機で命中率は39％である。

また、至近距離での自爆は59機である。至近距離での自爆というのは、特攻機が艦船の至近において爆発したことであり、ある程度の被害を蒙ったということだ。この至近距離自爆における被害率は17％である。

つまり、神風特攻は56％の確率で成功しているのである。

そしてこの攻撃により、沈没した艦船は20隻、被害を受けた艦船は130隻である。

実は、アメリカ軍は日本の神風特攻隊に衝撃を受けていた。

日本軍が最初の特攻を行ったのは昭和19年10月25日のことである。護衛空母「セント・ロー」が撃沈され、ほか6隻の空母が被害を受けた。

当初、アメリカ側は、この攻撃の正体が掴めていなかった。

空戦中に、被弾した航空機が艦船に突っ込んでくることはそれまでもあった。しかし、「あらかじめ爆弾を機体にくくりつけ、わざと体当たりしてきた」

ということはすぐには理解できなかったのだ。

「特攻」の本質を知ると、アメリカ軍は恐怖した。

最初の神風特攻隊となった「敷島隊」の攻撃を受け、爆発するアメリカ海軍の護衛空母「セント・ロー」。30分後に沈没した。

しかも、その被害は甚大だった。そのためアメリカ軍は、神風特攻を受けてから、半年もの間、その被害を公表しなかったのだ。

●防御法がない恐怖の攻撃

神風特攻隊というのは、アメリカ軍から見れば、非常に防ぎにくいものだった。自艦に向かって真っすぐ飛び込んでくる飛行機に対し、対空砲火をしてもあまり効果はない。何発か当てたとしても、多少バランスを崩すくらいで敵機の進路は変わらない。また致命弾を当てて撃墜しても、火を噴いて突っ込んでくるのである。

神風特攻を防ぐためには、戦闘機で迎撃するのがもっとも効果的だった。が、戦闘機というのは、いつでも上空で待機できるわけではない。戦闘機がいないときに、神風特攻隊がやってくれば、防ぎようがないのである。

アメリカ軍は、神風特攻の対策として、駆逐艦を前線にばら撒いてレーダー網を張り巡らせ、戦闘機による待ち伏せを行った。

しかし、日本軍もそれを察知し、神風特攻隊は先鋒隊がまず駆逐艦を攻撃してレーダー網を破り、後続隊が本艦隊を攻撃するという手法を取るようになった。

実は神風特攻の正確な戦果は判明していない。

アメリカ側の資料と日本側の資料にかなりの開差があったり、アメリカ軍の被害の中には、神風の被害なのか、他の攻撃によるものなのか、判明しないものも多いからである。

アメリカ海軍の旗艦、空母エンタープライズも特攻作戦で大損害を受けて、戦線から離脱。終戦までドックに入ることになった。

だが、アメリカ海軍の艦船の損害の約半分は、戦争後半の10ヶ月に集中している。その時期は神風特攻が行われた期間とリンクしているため、アメリカ海軍の艦隊の損害の大部分は神風特攻によるものなのだとされている。

アメリカ海軍のニミッツ元帥は、「沖縄戦においてアメリカ海軍の死者は9000人に及んだが、そのほとんどは神風特攻によるものだった」と述懐している。

アメリカ側の人的被害も正確なことはわかっていないが、おおむね1万名前後と見られている。これは特攻による日本側の損害よりも多い。

太平洋戦争において、日本軍の被害よりも

アメリカ軍の被害の方が大きい戦いというのは、ほとんどない。そう言った意味においても、「特攻」は決して効果のない攻撃ではなかったのである。

第六章

誰が太平洋戦争を望んだのか？

1

【暴走する軍部を後押しした国民】

貧しさを脱するために国民は戦争を望んだ

●軍部の暴走を国民は熱狂的に支持した

「太平洋戦争は、軍部の暴走によって引き起こされた」

「国民は言論統制により言いたいことも言えず、軍部の横暴に耐え忍んでいた」

後世の我々には、そういうイメージがある。

しかし、これは大きな誤りである。

というより、むしろ国民は軍部の暴走を歓迎していた。政府は軍部を躍起になって抑えようとしているのに、国民が軍部の後押しをするために、それができなかったのである。

たとえば、満州事変は、日本を国際的に孤立させる重大な出来事だったが、この満州事変を国民は熱狂的に支持したのである。

満州事変の勃発から1か月後の昭和6（1931）年10月24日には、満州駐留兵士への慰問袋が7000個に達し、同年の11月25日には慰問金が10万円を突破している。当時の10万円というと、現在に換算して数億円の価値がある。東日本大震災の義援金（約3429億円）に比べれば額が少ないように感じるかもしれないが、災害義援金と軍への慰問金というのは性質が違う。

戦地の兵士たちの武運長久を願い、慰問袋を製作する島根県の女性たち。慰問袋は太平洋戦争を通じて前線の兵士たちに送られた。

当時の満州の兵士というのは、別に災害に遭ったわけでもない。軍から給料が支払われているわけで、生活に困っているわけでも、住む場所がなくなったわけでもない。なのに、なぜ国民から慰問金が寄せられたかというと、感謝の意を表したいがためである。

満州事変の勃発と、それに続く満州国の建国は、日本を国際的に孤立させた。それに対して国民はどう思っていたのかというと、これも熱烈に支持していたのである。

全権大使の松岡洋右《ようすけ》は、昭和8年2月にジュネーブで開かれた国際連盟の総会を経て、日本の脱退を表明した。松岡洋右は、国民は怒っているだろうと思い、直接帰国せずに、アメリカに立ち寄っていた。松岡がようやく決心して帰国すると、まるで凱旋将軍のように歓喜の声で迎えられたのである。

東京朝日新聞では松岡洋右の帰国の様子を次のように報じている。

「零時55分臨時列車が到着する頃四号上屋《うわや》内外は数万の人の山で埋まった。（中略）午後1時船体がぴったり岸壁へ横づけとなるや万歳万歳の歓呼の声が怒涛のようにわき上った。松岡全権一行がタラップを伝わって力強い上陸第一歩を印する瞬間、上屋を揺がす歓呼は爆発して一種壮烈なシーンを展開した」（東京朝日新聞夕刊／昭和8年4月28日）

このときの日本は、満州国を42対1という大差で否認されている。満州国に賛成しているのは日本だけというこれ以上ない孤立である。

この国際的孤立が何を意味するのかということを、国民は冷静に考えなかったのである。

●農村から起こった軍国主義

国民はなぜ軍部の暴走に熱狂したのか？

戦前の日本は、近代化を急速に進めたとはいえ、実態はまだ農業国だった。

江戸時代の日本は、人口の9割近くが農業をしていた。明治維新以降、政府は急速に工業化を進めたが、昭和20年の時点でも、日本の農業人口は就労人口の50％近くおり、職業人口としては農業が断トツのナンバーワンだったのである。

戦前の軍部の独走は、農村の生活と密接に結びついていた。貧しい農村の若者の就職先として、軍部が人気を集めるようになったからだ。軍部が大陸で勢力を伸ばすことが、農村の危機を救ってくれるというような錯覚を、大勢の日本人が抱いたのである。

戦前も都市の生活者たちは、現在の人とあまり変わらないような便利で文化的な生活をしていた。だが、当時の人口の半数近くが暮らす農山村では、昭和に入っても上下水道やガスなどのインフラが整っておらず、白熱電球がひとつだけというような状態のところが多かった。

昭和6年当時の1人当たりの耕地面積		
日本	内地	0.45 ヘクタール
	朝鮮	0.57 ヘクタール
	台湾	0.31 ヘクタール
イギリス		3.9 ヘクタール
フランス		2.7 ヘクタール
ドイツ		2.1 ヘクタール
イタリア		1.3 ヘクタール
オランダ		1.4 ヘクタール
アメリカ		12.8 ヘクタール
インド		1.2 ヘクタール

日本の1人当たりの耕地面積は圧倒的に少なく、アメリカの約28分の1しかなかった。

当時の農家は経済基盤が非常に弱かった。

今でも日本の農業には「土地の狭さ」という問題があるが、それは当時から抱えていたものである。上図のように、農家一人あたりの農地面積というのは、非常に狭い。所有耕地は5反未満（約0・5ヘクタール）が約

50%で、3町以上（約3ヘクタール）は8%に過ぎなかった。

しかも、戦前は土地を持たずに農作業だけを請け負う小作人が多かった。

彼らは農地を使わせてもらう代わりに、地主に決められた小作料を支払っていた。そのため、不作のときや農作物の価格が暴落したときは、小作料が払えなくなり、娘を身売りするなどということが当たり前のように行われていた。

昭和初期に起きた世界恐慌では、農村も大きな打撃を受けた。

昭和5（1930）年、日本の物価は20～30%も下落したが、なかでも農作物の値下がりは酷く、米は半値以下、まゆは3分の1以下に落ち込んだ。2年後の統計では、農家一戸あたりの借金は840円で、平均収入の723円を大きく上回っていた。

さらに昭和9年には冷害によって東北地方が不作に陥る。農村では一家心中や娘の身売りが続出し、社会問題になった。

五・一五事件や二・二六事件に走った将校たちも、この農村の荒廃を動機に挙げている。

当時の軍部には、働き場所のない貧しい農家出身者が多かった。

軍人の給与や待遇は決して良くはなく、とくに下士官や兵卒の場合は実家から仕送りを受けなければ生活が成り立たないレベルだった。しかし、戦争になると待遇は変わる。戦地に赴けば加俸と呼ばれる手当が支給された。加俸は階級によって異なるが、おおむね給料の20％～60％が支給されたため、逆に実家に仕送りできるようになったという。

大本営作戦参謀であった瀬島龍三が著した『幾山河』には、次のような記述がある。

「さて、初年兵教育を受け持って感じたのは、兵たちの半分くらいは貧しい農漁林業の生まれということだ。中には、妹が夜の勤めに出ている、家の借金が火の車というような者もいた。一方では新聞紙上で、ドル買いで財閥が儲けたとか、政治の腐敗とか、その他、我が国をめぐる厳しい内外の諸問題などを知るにつれ、私自身、社会観が変わっていったように思う」

日本が突き進んでいった戦争には、農村部の貧しさという背景があったのである。

2 【農村では身売り、都市には貧民街…】「超格差社会」が軍部の暴走を招いた

●貧富の格差が軍部の台頭を招いた

国民が軍部の台頭を後押しした原因に「農村の貧しさ」があったことを述べた。だが、その一方で戦前の日本には、とてつもない大富豪が存在していた。

現代の日本社会は格差が広がっている、などと言われる。だが、戦前はいまとは比べ物にならないほど壮絶な格差社会だったのである。

戦前の日本の経済は、一部の〝財閥〟に支配されていた。財閥とは、特定の一族が巨大な企業集団を形成したものだ。代表的なものに三井、三菱、住友、安田などがある。

では、財閥はいったいどれほどの富を手中に収めていたのだろうか。

終戦時、日本国内の会社払込資本金の49・7％は三井、三菱、住友、安田の四大財閥に占められていた。これは、言い換えると日本経済の過半数がわずか数家族の財閥に握られていたということになる。昭和2（1927）年の長者番付では、1位から8位までを三

菱、三井の一族が独占していた。一位の岩崎久彌《ひさや》の年収は430万円だった。当時の労働者の日給は1～2円程度だったので、一般庶民の1万倍近い収入を得ていたことになる。

救世軍の炊き出しを受ける貧民街の人々。昭和初期、行政による援助が必要な貧民は東京市だけで8万人、東京都下では29万人もいたという。

しかし、その一方で戦前の日本には食うや食わずの暮らしを送る人々も大勢いた。

東京には貧民街と呼ばれるスラム街があり、まっとうな暮らしができない人々が集まって生活していた。彼らは不衛生で狭い長屋に住み、軍などから払い下げられた残飯などを食べて暮らしていた。

戦前の貧富の格差は絶望的なレベルにあり、財閥に対する社会の不満は年々溜まっていった。財閥は国民から目の敵にされ、労働運動が起こる度に、糾弾の対象になったのだ。

●財閥の〝ドル買い事件〟とは？

そんな中、財閥に対する国民の反感を爆発させる「ドル買い事件」が起きる。

昭和6（1931）年、金輸出の再禁止などがあり、日本の円の相場が下がり、極端な円安になっていた。円安の時に他国の通貨を買えば、為替差益で大儲けすることができる。そこで動いたのが、資金力のある財閥だった。

財閥は豊富な資金をつぎ込み、当時、世界でもっとも強い通貨だったドルを買い漁った。

このとき、三井、住友、三菱の各銀行、合計で約1億5000万円、財閥全体では約4億円分のドルを買い、一連のドル買いで8000万円以上の利益を出したとされる。

降ってわいた金再禁でたれが一番まうけた？
ドル買ひの利得八千萬圓
さてにはか成金の内幕は……
乾新兵衛氏等に懲役一年半を求刑
「何いひなはんのや」と乾氏
愛國學聯の慰問使歸る

新聞もドル買い事件を盛んに報じた（東京朝日新聞、昭和6年12月16日）。その影響は大きく、24日には三井物産の釈明記事が掲載されている。

国民はこの財閥によるドル買いを知って、激怒した。

先程の項目でも触れたが、当時の日本経済は世界恐慌の影響で混乱していた。物価は2、3割も下がり、米や農作物の価格がとくに大きく下がったことで、貧しい農村では一家心中や身売りが頻発していた。

輸出業も不振に陥り、中小企業は次々と倒産し、失業者が大量に出ていた。庶民が苦しむ中、財閥はその資金力にものを言わせて、大儲けしていたのである。

当時の国同士の取引では、為替の変動で生じた差額は金《きん》で清算されることになっていた。そのため、財閥のドル買いは日本の金を国外に流出させることでもあった。

この頃は、金の保有量が国の財産の目安とされていた。それが流出するということは、日本の国富が減るということでもあった。財閥のドル買いは、国民から一斉に叩かれることになったのだ。

●財閥に対する怒りが爆発する

当時の政府が有効な景気対策を打つことができなかったこともあって、国民の財閥に対する怒りは頂点に達する。

昭和6年11月、労働組合系のデモ隊が「国民生活を蹂躙し、ドル買いに狂奔する奸悪の牙城を粉砕せよ」などと書かれたビラを配りながら、三井銀行に押しかけた。デモ隊は重

血盟団事件で逮捕された実行犯と関係者。血盟団は元大蔵大臣の井上準之助と三井財閥の団琢磨を相次いで暗殺、その後の右翼テロの魁となった。

役との面会を強要したため、駆けつけた警官隊と揉み合いになり、26名の逮捕者が出た。

翌年3月には、右翼団体「血盟団《けつめいだん》」が「ただ私利私欲のみに没頭し国防を軽視し国利民福を思わない極悪人」として政治家や財界人など20名の暗殺を企て、三井財閥の総帥である團琢磨《だんたくま》を殺害した。事件後、血盟団の関係者14名が逮捕され、主犯の3名は無期懲役の判決を受けたが、昭和15（1940）年に恩赦で出獄している。

また、陸軍若手将校による叛乱《はんらん》である二・二六事件も、決起の理由のひとつが「財閥打倒」だった。叛乱を起こした若手将校たちは、総理大臣や大蔵大臣などの政府首脳を殺害した後、第二の目標として、三井財閥当主の三井高公《たかきみ》や三井財閥重役の池田成彬《しげあき》、三菱財閥当主の岩崎小弥太《こやた》らを狙っていた。

結局、若手将校たちの叛乱は目的を遂げる前に鎮圧され、首謀者は処刑されることになった。国民の中には彼らを自分たちの代弁者だと思い、同情的に見る向きもあった。二・二六事件では、事件後、叛乱将校たちの減刑を求めて、国民から郵便、電報合わせて130万通の嘆願書が寄せられた。

戦前の政党は財閥から資金提供を受けており、政党と財閥は深くつながっていた。

この事件以降、国民の間では政治家を見限り、軍部に期待する風潮が出るようになる。政治家や財閥はまったく信用できないが、軍部ならこの貧しさや閉塞感を何とかしてくれるかもしれない、と感じたのだ。

そうした期待が、軍部の暴走を後押ししていったのである。

3 【戦争が始まれば発行部数が激増した】「新聞」も戦争を大歓迎していた

●戦争を煽った大手新聞たち

太平洋戦争の戦争責任を語る上で忘れてはならないのが、当時の新聞の存在である。

現在、大手新聞は基本的に反戦の立場をとっている。太平洋戦争に関連する事柄を報じるときも、〝あの戦争を反省する〟〝戦争はすべきでない〟といった論調が目立つ。

では、戦前も太平洋戦争には反対していたのか、というと決してそんなことはない。むしろほとんどの新聞は戦前・戦中、軍部による言論統制が始まる前から、国民を煽るような好戦的な記事を書きまくっていたのである。

日本の新聞は、明治3年に発行が始まった横浜毎日新聞が発祥とされている。もともと高い識字率があったことから、新聞は急速に発行部数を伸ばしていく。

とくに新聞の発行部数が伸びたのが、〝戦争〟だった。

日露戦争や第一次世界大戦時には、新聞は著しく部数を伸ばした。当時はテレビやラジオなどはまだ登場しておらず、新聞が最大の影響力を持つメディアだった。国民は国外で行われている戦争の状況を知るために、新聞を買い求めたのである。

新聞各社は、発行部数を伸ばすために、激しい取材合戦を繰り広げた。

戦地に特派員を派遣し、記事を通信するために船をチャーターすることもあった。いまではお馴染みの〝号外〟が一般化したのも日露戦争の時である。各社は戦況に動きがあるたびに号外を乱発、朝日新聞などは1日に5度も号外を出したことがあった。

日比谷公園焼き打ち事件で暴徒に破壊された、街鉄の日比谷公園出張所。この暴動で死者17名、負傷者500名以上、2000名以上の逮捕者が出た。

●報道姿勢を変えた「日比谷焼き打ち事件」

その日露戦争の終結時、新聞のその後を左右する事件が起きる。

日露戦争が終わり、講和条約が結ばれると、日本が賠償金を得られなかったことに反発した一部の国民が暴徒化し、日比谷公園などで焼き

	日露戦争前（1903年）		日露戦争後（1907年）
報知新聞（現在の読売新聞）	8.3万部	→	30万部
東京朝日新聞（現在の朝日新聞）	7.4万部	→	20万部
大阪朝日新聞（現在の朝日新聞）	10.4万部	→	30万部
大阪毎日新聞（現在の毎日新聞）	9.2万部	→	27万部

桂敬一『明治・大正のジャーナリズム』（岩波書店）より

打ち事件を起こした。

大手新聞各紙は基本的に「講和反対」の姿勢だったが、国民新聞だけが講和を容認する記事を掲載した。すると、国民の怒りが国民新聞にも向かう。国民新聞は焼き打ちの標的になり、暴徒に器物を破壊されたり、社員が暴行を受けるなど散々な目に遭った。

一方、「講和反対」とし、戦争の継続を呼びかけた新聞はどうなったのか。

大手新聞各紙は、政府から何度も発行停止の処分を受けた。しかし、それらの〝好戦的〟な新聞は、読者に大きく支持され、発行部数を伸ばしていくことになったのである。

この事件は、新聞経営にひとつのヒントを与えることになった。そのヒントとは、「戦争の際は威勢のよい好戦的な記事を書けば、部数が増える」というものである。これに味をしめた新聞各紙は、満州事変から太平洋戦争にかけて好戦的な記事を書き続けていくことになる。

●在郷軍人会に屈した朝日新聞

日露戦争を境に好戦的な記事を載せるようになった大手新聞だが、常に軍部の行動に肯定的だったわけではない。ときには軍部に反対し、その暴発を防ごうとすることもあった。

たとえば、東京朝日新聞は昭和6（1931）年8月5日、「満州問題が軍人の横車に引きずられて行くを許さぬ」と書いている。〝横車〟というのは、理不尽なことを強引にやることのたとえである。つまり、満州問題は軍部の暴走だと言っているのだ。

8月8日には、大阪朝日新聞が「軍部が政治や外交に嘴を容れ、これを動かさんとするは、まるで征夷大将軍の勢力を今日において得んとするもの」だとして、軍部を批判した。

だが、これらの記事がきっかけで、朝日新聞は窮地に追い込まれる。

軍の支持者による不買運動が起きたのだ。

最初に動いたのは、在満州の日本人団体「満州青年連盟」だった。

中国からの反日運動に苦しんでいた同連盟は、朝日新聞の記事に反発し、不買運動を開始する。この運動は日本本土にも飛び火し、西日本で拡大していくことになった。

なぜ満州の不買運動が、日本本土でも広まったのか。

陸相の政談演説
師團長會議の訓示

氣概を欠く航空の日本

本社主催 全國中等

山陰代表は大社中

不買運動のきっかけになったとされる東京朝日新聞（昭和６年８月５日朝刊）の社説「陸相の政談演説」。満州問題は陸軍軍縮の世論をけん制するために殊更大げさにしているのではないか、と指摘している

それは、朝日新聞の記事が「在郷軍人会」の逆鱗にも触れたからである。在郷軍人会は主に現役を離れた軍人らによって組織された団体で、昭和6年当時、全国で約260万人もの会員がいた。その会員や家族、現役の軍人らが朝日新聞にノーを突きつけたのである。

圧力を受けた朝日新聞はその2ヶ月後に、突如、方針を〝転換〟する。10月に行われた重役会議で「満州事変の支持」を決め、以後、軍を批判する記事を一切掲載しなくなったのだ。

これ以降、朝日新聞の不買運動は終息する。朝日新聞は同じ月、「満州問題について」という講演会を行っている。主催は、不買運動をはじめた満州青年連盟だった。朝日と軍部、あるいは在郷軍人会との間にどういうやりとりがあったのかは不明だが、何らかの手打ちが行われたのはたしかだろう。

この朝日新聞の〝転向〟は、満州事変以降の新聞報道の在り方を大きく変えた。世論というものは、様々な主張や意見がぶつかり合うことで、初めて健全につくられる。新聞というメディアは、その影響力が大きいだけに、世論形成の参考となる様々な主張や意見を世に問うていく責任がある。

戦前の日本は、国民間で是非を議論する機会はほとんどなく、まるで雪崩れ込むようにして戦争への道を突き進んでいった。そうなった責任の一端は、当時の新聞にもあったと言わざるを得ないのである。

4 【パンドラの箱を開けてしまった立憲政友会】統帥権問題という墓穴を掘った政党政治

●「統帥権問題」は政党間の争いが発端だった

日本が、泥沼の戦争に突入してしまった要因の一つに「統帥権《とうすいけん》（軍隊の最高指揮権）」が挙げられる。

大日本帝国憲法では、陸海軍は、政府の管轄ではなく、天皇の直属機関というように定められている。これがいわゆる天皇の統帥権である。つまり軍隊は、政府の命令ではなく、天皇の命令を聞くこと、ということになっているのだ。

「昭和初期の軍部は、統帥権を拡大解釈し、政府の言うことをまったく聞かないようになった。それが、満州事変以降の軍部の暴走の要因の一つである」

というのが、昭和史の定説となっている。

が、実は統帥権問題の最大の責任は軍部にはないのだ。

統帥権を持ち出して政府を揺さぶろうとしたのは、当時、野党だった「立憲政友会」である。つまり統帥権を持ち出して、国家の指揮系統を分裂させてしまったのは、政党政治なのである。

その経緯を詳しく説明したい。

ロンドン海軍軍縮会議では、戦艦「比叡」を練習艦にすることも決定した。

統帥権問題は、昭和5（1930）年のロンドン海軍軍縮会議の際に勃発した。

海軍軍縮会議というのは、イギリス、アメリカ、日本、フランス、イタリアの五ヶ国が、お互い戦艦などの保有割合を決め、それ以上の軍拡はしないようにしようという目的で開催されたものである。

これは「事実上の平和条約」でもあった。

軍艦の保有割合をあらかじめ決めておくということは、各国の戦闘能力を規制するということであり、「戦争になっても結果はわかっているのだから、お互い戦争はしない」という暗黙の了解のようなものがあったのだ。

戦艦などの主力艦に関する軍縮条約は、ワシントンで行われた海軍軍縮会議を経て、大正11（1922）年に締結された。日本は、イギリス、アメリカに対して、戦艦の保有割合が60％とされた。海軍など一部では不服もあったが、財政負担が軽減されることもあり、国内ではそれほどの問題も起きなかった。

そして、主力艦以外の補助艦の保有割合を決める会議が、昭和5（1930）年にロンドンで開催されたのだ。

このとき、巡洋艦はアメリカ10、イギリス8、日本6に、駆逐艦はアメリカ10、イギリス10、日本7と、ワシントン海軍軍縮条約の保有割合とほぼ同じ割合が設定された。日本側の全権大使はこれを了承した。だが、全権大使がこれを日本に持ち帰ると、帝国議会が紛糾したのである。

野党の立憲政友会が、「手続き上問題がある」として、この条約の批准に猛反対したのだ。

●政争の道具にされた「統帥権」

この条約を政府が締結したとき、政権与党は立憲民政党だった。立憲民政党は、この年（昭和5年）の初めに行われた衆議院選挙で大勝していた。野党第一党の立憲政友会は、長らく政権の中枢にいながら、この選挙では大敗してしまっていたのだ。

野党となった立憲政友会は、今の野党と同じように、政府に少しでもつけ入るすきがあれば、徹底的に糾弾するということを行っていた。

そして、この軍縮条約も、そういうくだらない政争の道具に使われてしまったのだ。

立憲政友会の犬養毅《いぬかいつよし》総裁などが「政府が勝手に軍縮条約を締結したのは統帥権の干犯である」として追及したのである。

「日本の陸海軍というのは、天皇に直属するものであり、政府が勝手に軍縮を決めてしまうのはおかしい」

という論法だった。

立憲政友会としては、それほど深謀術数があったわけではなく、野党の習性として、「いつも政府を攻撃する材料を探している」というだけの話だったのである。

ロンドン軍縮会議の全権大使は、海軍大臣の財部彪《たからべたけし》だった。財部彪は海軍大将であり海軍側

ロンドン海軍軍縮条約を締結した立憲民政党の濱口雄幸（おさち）首相。首相在任中の昭和５年 11 月に東京駅で銃撃され、その傷がもとで翌年に死亡した。

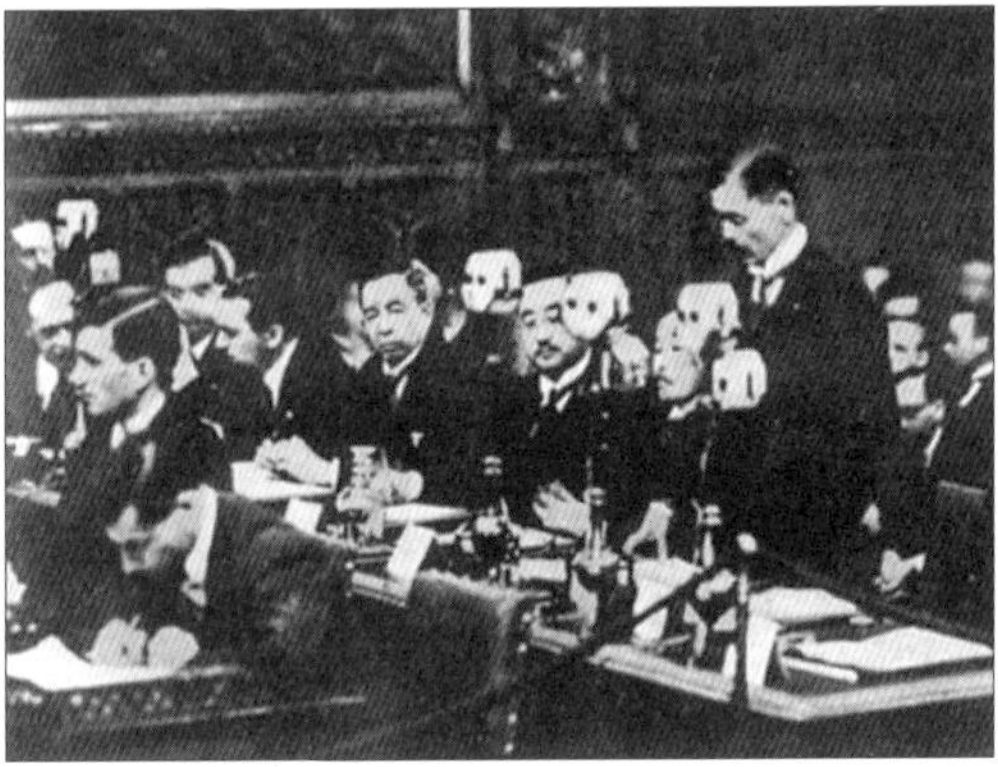
ロンドン海軍軍縮会議で演説する日本の全権のひとり、若槻禮次郎。同じく全権の財部彪海軍大臣はその左に座っている人物。

の人間である。つまり、ロンドン軍縮会議の条約内容というのは、海軍大将が決めてきたことなのだ。よく言われているように「政府が決めたことに海軍がケチをつけた」というわけではない。立憲政友会が「統帥権」を持ち出して、これを攻撃したために、海軍軍令部が勢い付いてしまったのである。

海軍の軍費が削減され、アメリカとの戦力差が広がることを懸念していた海軍軍令部は、わが意を得たりとばかりに、立憲政友会の主張に「乗っかった」のである。しかし、海軍大臣が決めてきた軍縮の条件に海軍が異議を唱えるというのは、おかしな話である。

それまで、海軍大臣と海軍軍令部が表立って対立するようなことはなかった。

海軍大臣は、海軍の政治的な長であり、海軍軍令部は作戦の長である。海軍大臣が海軍全体の組織を束ね、海軍軍令部は現場の指揮を執る、という役割分担がなされていた。

また指揮命令系統も、海軍大臣が一番上であり、海軍軍令部は海軍大臣の指示に従うという体系はつくられていた。

もし、立憲政友会が統帥権を持ち出して軍縮会議の内容にケチをつけたりしなければ、海軍軍令部が海軍大臣の決めてきたことに異議を唱えたりすることはなかったのである。

つまり海軍の指揮系統を分裂させたのは、「立憲政友会」だといえるのだ。

いや、海軍の指揮系統だけではなく、日本の全体の指揮系統を壊し、軍部に「政府の言うことは聞かなくていい」というお墨付きを与えてしまったといえる。

日本を制御不能にし、泥沼の戦争に陥れたのは「立憲政友会」だったのである。

5 【権力分散による責任者不在の体制】大敗を招いた最大の原因は政治体制の失敗

これまで本書では、太平洋戦争の開戦から敗北に至る経緯を見てきた。

そのなかで疑問に思うのが、なぜ日本は戦争を途中で止めることができなかったのかということである。

太平洋戦争をつぶさに見てみると、ガダルカナル島の撤退、クェゼリン島での敗北など、日本が講和に乗り出すべきタイミングはいくつもあった。しかし、日本の指導者たちはあくまで戦争の継続を選んだ。いや、選んだというのは正確ではない。講和を決断したくても、できなかったのである。

●権力が分散し過ぎた大日本帝国

他の国がうらやむほど短期間のうちに大成長を遂げた日本だったが、政治のシステムに関しては、実は完全な失敗作だった。大日本帝国というと独裁国家のようなイメージがあるかもしれないが、決してそんなことはない。むしろ「責任者不在」の国だったのである。

現在の日本では、国権の最高機関は国会で、その代表が内閣ということになっている。戦前の日本にも衆議院と貴族院で構成される帝国議会があったが、必ずしも国権の最高機関ではなく、他にも国政に強い影響力を持つ枢密院《すうみついん》があり、総理大臣を推挙する権限を持つ元老院という機関があった。

昭和初期の帝国議会・衆議院の議場。大日本帝国憲法下では、帝国議会は必ずしも国権の最高機関ではなかった。

さらに、そこに軍部が加わる。

当時は、現役部官制という制度があり、内閣の構成員である陸軍大臣、海軍大臣は陸海軍からそれぞれ出すことになっていた。そのため、軍部は議会や内閣に強い発言権があり、気に入らないことがあれば、大臣を出さずに内閣を潰すことができた。

整理すると、戦前の日本には2つの議院のほかに枢密院、元老院、陸海軍と強い発言権を有する機関がいくつも乱立していたことになる。こうした状態では、国政を行う上で意思の統一を図ることは難しい。そして、それが責任者不在という異常事態を生み出したのだ。

●首相が頻繁に交代する異常な体制

世界大恐慌、満州事変、国際連盟からの脱退、日中戦争の勃発……、昭和初期の日本はかつてない難局にあった。

だが、そんなときに政治家たちは有効な手を打てなかった。軍部を抑えることも、日本の国際的な信用を取り戻すことも、日米関係を修復することもできなかった。

なぜ、政治家は何もしなかったのか。

それは当時の日本に、責任を持って決断できるポストがなかったからである。

内閣総理大臣がいたではないか、と思う人もいるかもしれない。だが、その総理大臣こそ、権力分散の弊害があからさまに現れた「責任者不在」の象徴だった。

現在の内閣総理大臣は内閣の長であり、他の国務大臣を任免する権限がある。だが、大日本帝国憲法では、総理大臣は天皇を輔弼《ほひつ》する国務大臣のひとりにすぎず、他の閣僚を任免する権限は一切なかった。そのため、他の閣僚と意見が合わなければ、内閣は総辞職する以外に方法がなかった。

それだけでなく、内閣総理大臣は立場もまた曖昧だった。それまでの慣例で首相は元老などに推挙された者が天皇に任命されることになっていたが、推挙に明確な基準はなく、任期や辞任の仕方なども規定されていなかった。そのため、ささいな事柄を議会で追及されただけで辞めてしまった。大日本帝国では明治維新から太平洋戦争の敗戦までに42代の総理大臣が誕生しているが、そのうち3年以上続けたというケースはわずか4例しかない。その他はすべて1、2年で交代しているのだ。

昭和12（1937）年6月に組閣された第一次近衛内閣の顔ぶれ。近衛文麿は三度首相を務めたが、いずれも2年以上は続かなかった。

このように頻繁に首相が交代しているようでは、責任ある政治、腰を据えた外交はできない。戦争回避、あるいは講和という決断もできるはずがないのである。

では、戦後の日本は、この教訓を活かすことができているのか。

残念ながら、答えはノーである。

高度経済成長期以降の日本の総理大臣の任期は、極端に短くなっている。

とくに70年代以降になると一任期3年以上務めたのは、中曽根康弘と小泉純一郎と安倍晋三の3人しかいない。他の先進国ならば、首相や大統領は短くて4年、長ければ10年は続けるのが当たり前だ。ここまで頻繁に首相が変わるのは、異常なことなのである。

太平洋戦争は、責任者不在のため、国の舵取りを誤って起きたものだった。

大日本帝国の失敗はどこにあったのか。そこから教訓を学びとり、それを活かすことがこれからの時代を生きる日本人の責任なのである。

あとがき

第二次世界大戦の勝者はどこか。

そう問われたとき、多くの人は「アメリカ、イギリス、ソ連、フランスを中心とした連合諸国」と答えるはずである。

しかし、本当にそうだろうか。戦争の勝敗というのは、形式上のものではなく、何を得て何を失ったかで判断されるべきだろう。

戦後の世界を見てほしい。

日本は植民地を全部失い、数年間、占領されるという屈辱を味わった。ドイツに至っては、東西に国が分断されてしまった。だが、戦勝国であるアメリカ、イギリス、フランスも、相当の損害を蒙っている。アジア、アフリカ諸国にあった植民地のほとんどは戦後十数年のうちに失ってしまった。彼らは、数百年かけて築いてきたものを、一気に失ってしまったのである。

この戦争での本当の勝者というのは、戦後、相次いで独立を果たしたアジア、アフリカ諸国ではないか、と筆者は考える。

つまり、日本、ドイツだけではなく、アメリカ、イギリス、フランスも事実上の敗戦国だといえるのではないか、第二次世界大戦というのは、「自由主義が全体主義に勝った戦い」ではなく、「帝国主義同士がつぶし合いをした戦い」ではないか、ということである。

昨今、「太平洋戦争は日本の正義の戦いだった」というような論も時々聞かれる。

が、筆者はそれに与するつもりはない。

戦前の日本が、全体主義だったか、自由主義だったか、と問われれば、筆者は明確に回答することはできない。が、帝国主義だったか、非帝国主義だったか、と問われれば、帝国主義だったと言わざるを得ない。

当時の日本は、欧米よりもはるかにアジア諸民族の権利を大事にしようとしている国ではあった。では、日本が帝国主義の思想をまったく捨て去っていたかと言えば、決してそうではない。

そして、欧米の帝国主義がそうだったように、日本の帝国主義もかなりの行き詰まりを見せていた。それを打開するために、戦争を選んだという面は否めないはずだ。

戦後教育による自虐史観にも誤認は多々あるが、日本正義史観にも同様に誤認が多々あるのだ。

今、我々に必要な事は、「日本にとってもっとも重い歴史的出来事を、冷静に見つめ直してみる」ということではないだろうか？

最後に、彩図社の権田氏をはじめ本書の制作に尽力いただいた皆様に、この場をお借りして御礼を申し上げます。

２０２１年夏　著者

■参考文献

杉山伸也『日本経済史　近世 - 現代』（岩波書店）
小風秀雄『帝国主義下の日本海運』（山川出版社）
石井寛治編『日本経済史』（東京大学出版会）
永原慶二『日本経済史』（岩波書店）
林田治男『日本の鉄道草創期』（ミネルヴァ書房）
沢和哉『日本の鉄道ことはじめ』（築地書館）
西川俊作『日本経済の２００年』（日本評論社）
有沢広巳監修『日本産業史』（日本経済新聞出版）
藤井信幸『テレコムの経済史』（勁草書房）
和田春樹ほか『東アジア近現代通史　1～5』（岩波書店）
伊藤隆監修、百瀬孝著『事典　昭和戦前期の日本　制度と実態』（吉川弘文館）
藤原彰『日本軍事史　上下巻』（社会批評社）
中川昌郎『中国と台湾』（中公新書）
鵜飼政志『幕末維新期の外交と貿易』（校倉書房）
森永卓郎監修『物価の文化史事典』（展望社）
ラッセル・スパー著・左近允尚敏訳『戦艦大和の運命』（新潮社）

児島襄『戦艦大和・上』（文藝春秋）
山田朗『軍備拡張の近代史』（吉川弘文館）
阿部三郎『わが帝国海軍の興亡』（光人社）
平間洋一編著『日露戦争を世界はどう報じたか』（芙蓉書房出版）
K・M・パニッカル著、左久梓訳『西洋の支配とアジア』（藤原書店）
歴史教育者協議会編『日本の戦争ハンドブック』（青木書店）
関栄次『日英同盟』（学習研究社）
アーネスト・ヴォルクマン著、茂木健訳、神浦元彰監修『戦争の科学』（主婦の友社）
堀栄三『大本営参謀の情報戦記』（文春文庫）
加茂徳治『クァンガイ陸軍士官学校』（暁印書館）
宮田律『中東イスラーム民族史』（中公新書）
斎藤充功『陸軍中野学校の真実』（角川文庫）
中野校友会編『陸軍中野学校』（中野校友会）
畠山清行『秘録陸軍中野学校』（番町書房）
クリエイティブ・スイート編著『ゼロ戦の秘密』（PHP文庫）
碇義朗ほか著『日本の軍事テクノロジー』（光人社）
佐藤和正『空母入門』（光人社）
当摩節夫『富士重工業』（三樹書房）

大場四千男『太平洋戦争期日本自動車産業史研究』（北樹出版）
文藝春秋編『完本・太平洋戦争（一）～（三）』（文藝春秋）
大澤弘之監修『新版　日本ロケット物語』（誠文堂新光社）
渡辺賢二『陸軍登戸研究所と謀略戦』（吉川弘文館）
伴繁雄『陸軍登戸研究所の真実』（芙蓉書房出版）
上山明博『発明立国ニッポンの肖像』（文藝春秋）
山本七平『一下級将校の見た帝国陸軍』（文藝春秋）
瀬島龍三『幾山河』（産経新聞社）
山本七平『私の中の日本軍』（文藝春秋）
三根生久大『帝国陸軍の本質』（講談社）
別宮暖朗『帝国陸軍の栄光と転落』（文藝春秋）
武藤山治『軍人優遇論』（実業同志会市民講座部）
上山和雄編著『帝都と軍隊』（日本経済評論社）
三野正洋『日本軍兵器の比較研究』（光人社）
原田泰『世相でたどる日本経済』（日本経済新聞社）
木村茂光編『日本農業史』（吉川弘文館）
石井寛治『日本の産業化と財閥』（岩波書店）
井上寿一編『日本の外交』（岩波書店）

川田稔『戦前日本の安全保障』（講談社）
平間洋一『第二次世界大戦と日独伊三国同盟』（錦正社）
チャールズ・A・ビーアド著、開米潤監訳『ルーズベルトの責任　上下』（藤原書店）
NHK取材班、下斗米伸夫著『国際スパイ ゾルゲの真実』（角川書店）
三田村武夫『大東亜戦争とスターリンの謀略』（自由社）
須藤眞志『ハル・ノートを書いた男』（文藝春秋）
吉本貞昭『世界が語る神風特別攻撃隊』（ハート出版）
特攻隊戦没者慰霊平和祈念協会編『特別攻撃隊全史』（特攻隊戦没者慰霊平和祈念協会発行）
瀬島龍三『日本の証言』（フジテレビ出版）

【著者略歴】
武田知弘（たけだ・ともひろ）
1967 年生まれ、福岡県出身。出版社勤務などを経て、フリーライターとなる。歴史の秘密、経済の裏側を主なテーマとして執筆している。主な著書に『ナチスの発明』『戦前の日本』『大日本帝国の真実』『大日本帝国の発明』『福沢諭吉が見た 150 年前の世界』（ともに彩図社）、『ヒトラーの経済政策』『大日本帝国の経済戦略』（祥伝社新書）等がある。

教科書には載っていない
太平洋戦争の大誤解

2021 年 9 月 10 日第一刷

著　者　　武田知弘

発行人　　山田有司

発行所　　株式会社　彩図社《さいずしゃ》

〒 170-0005　東京都豊島区南大塚 3-24-4 ＭＴビル
TEL:03-5985-8213
FAX:03-5985-8224

印刷所　　新灯印刷株式会社

URL：https://www.saiz.co.jp
https://twitter.com/saiz_sha

 ISBN978-4-8013-0546-5 C0121

※本書は 2015 年 8 月に小社より刊行した書籍を文庫化したものです。